BIBLIOTHÈQUE SAINT-GERMAIN

LECTURES MORALES ET LITTÉRAIRES

ÉTUDES POPULAIRES

VEILLÉES

DU

PATRONAGE

PAR

MADAME BOURDON

TROISIÈME ÉDITION

PARIS

LIBRAIRIE SAINT-GERMAIN-DES-PRÉS

MAISON PUTOIS-CRETTÉ

HENRI ALLARD, LIBRAIRE-ÉDITEUR, SUCCESSEUR

13, RUE DE L'ABBAYE, 13

BIBLIOTHÈQUE SAINT-GERMAIN
LECTURES MORALES ET LITTÉRAIRES

OUVRAGES DU CARDINAL WISEMAN

La Lampe du sanctuaire, suivie de *Fleur-des-Neiges*. 7e édition.
La Perle cachée, *Histoire et légende de saint Alexis*. 5e édition.

VOYAGES EN ORIENT DU R. P. DE DAMAS

Voyage au Sinaï, . . 1 vol.	**Voyage à Jérusalem**. 2 vol.
Voyage en Judée. . . 1 vol.	**Voyage en Galilée**. . 1 vol.

OUVRAGES DE MADAME BOURDON

Les trois sœurs, scènes de famille.	**Marie Tudor et Élisabeth**.
La Ferme aux Ifs. —	**Andrée d'Effauzes**.
Denise —	**Une Faute d'orthographe**.
Heures de solitude.	**Les Servantes de Dieu**.
Pulchérie.	**Abnégation**.
Souvenirs d'une famille du peuple.	**Marcia**.
Types féminins.	**Nouvelles historiques**.
La famille Reydel.	**Histoire de Marie Stuart**.
Agathe ou la *Première communion*	**L'adoption**.
Catherine Hervey.	**Orpheline**.
	Fabienne et son père.

ÉTUDES POPULAIRES DU MÊME AUTEUR

Antoinette Lemire ou l'*Ouvrière de Paris*.	**Euphrasie**. *Histoire d'une pauvre femme*.
Marthe Blondel ou l'*Ouvrière de fabrique*.	**L'Héritage de Françoise**.
Le pain quotidien.	**Les veillées du patronage**.

OUVRAGES DU COMTE DE LOCMARIA

Les Guérillas. 2 jolis vol.	**La Chapelle Bertrand**, 1 v.
Marie-Thérèse en Hongrie.	**Histoire du règne de Louis XIV**. 2 v.

Souvenirs des voyages du comte de Chambord. 1 fort vol.

ROMANS HISTORIQUES DE W. BERNARD MAC-CABE

TROIS ÉTUDES CONSTATANT L'INFLUENCE DE LA PAPAUTÉ SUR LE CORPS
AU MOYEN AGE

Adélaïde, reine d'Italie, ou la *Couronne de fer*. 1 beau vol. in-12.
Florine, princesse de Bourgogne, ou une *Page des premières croisades*.
Berthe, ou le *Pape et l'Empereur*. Épisode du XIIe siècle.

AUTEURS DIVERS

Iermola, par Étienne MARCEL.	**La Fleur des Gaules** ou les *Martyrs de Lyon*.
Madeleine, par Julia KAVANACH.	**Le Foyer**, annuaire.
Stéphano, par l'abbé BOULANGÉ.	**La Marguerite de Sak-Mialais**.
Un pair d'Angleterre,	**Le Kalife de Bagdad**.
Simples nouvelles, par Mme DE STOLL.	**Soirées du père Laurent**.
La guerre noire, par D'AURIAC.	**La Branche de romas**.
Édith Mortimer.	**Histoire d'un billet de banque**.
Catherine Geary, par MASON.	**Les Secrets de la mort**.
Le Prophète du monastère.	**Les Trois Éléonore**.
Veillées normandes.	**Lizzie Maitland**.
Bretons et Vendéens, Autrefois et Aujourd'hui, par Gabrielle D'ÉTAMPES.	**Mémoires d'une institutrice à Constantinople**.
	L'Orphelin d'Evenos.

568. — Abbeville. — Typ. et stér. Gustave Retaux.

VEILLÉES
DU PATRONAGE

PROPRIÉTÉ

363. — Abbeville. — Typ. et stér. Gustave Retaux.

BIBLIOTHÈQUE SAINT-GERMAIN
LECTURES MORALES ET LITTÉRAIRES

ÉTUDES POPULAIRES

VEILLÉES DU PATRONAGE

PAR

MADAME BOURDON

TROISIÈME ÉDITION

PARIS

LIBRAIRIE SAINT-GERMAIN-DES-PRÉS

MAISON PUTOIS-CRETTÉ

HENRI ALLARD, LIBRAIRE-ÉDITEUR, SUCCESSEUR

13, RUE DE L'ABBAYE, 13

1878

LES LEÇONS DE LA VIE

I.

LA LOGE DE LA PORTIÈRE

— Eh bien! j'espère qu'en voilà du changement! dit Madame Corbeau la portière, en relevant ses lunettes et en regardant trois cuisinières, une marchande de lait, un valet de pied, qui formaient guirlande autour du poêle. C'est plus nouveau que la question d'Orient, que M. Corbeau lit toujours avec un nouveau plaisir.

— De quoi s'agit-il, ma femme? répondit M. Corbeau, qui lisait bien installé dans son grand fauteuil, le journal dont il ne passait pas une ligne, depuis le titre jusqu'au cours de la Bourse.

— De quoi il s'agit? De quoi s'agirait-il, si ce n'est de cette fortune qui est tombée *subito*, sur les locataires du quatrième, l'homme d'affaires, M. Morand, quoi! les voilà qui descendent au premier, qui se montent, qui se requinquent; on ne voit plus sur mes escaliers que des tapissiers, des ébénistes, des fumistes, des tailleurs, des couturières, des modistes, pour arranger la maison et les gens. C'est une vraie procession, quoi! et ils me font des escaliers! aussi, minute! J'ai mis des paillassons, et je dis à tous ceux qui entrent: — Frottez-vous les pieds, s'il vous plaît, c'est la consigne. Ferait-il pas beau, voir que je m'extermine pour ces Morand!

— Qu'est-ce qu'ils t'ont fait ces Morand, Zénobie? interrompit le raisonnable M. Corbeau.

— Ce qu'ils m'ont fait? ils ne m'ont rien fait, mais, règle générale, je n'aime pas les fortunes subites, ça n'est pas dans l'ordre, ça ne fait pas plaisir.

— Eh bien! moi non plus, interrompit

une cuisinière fort coquette, je hais-t'y les parvenus! Ma dame, à moi, il y a six ans, n'était qu'une petite bourgeoise, fricotant elle-même son pot-au-feu; son mari a fait de bonnes affaires, et la voilà qui ne regarde plus personne, il faut la servir à pieds baisés: je vous demande? et regardante!

— Tout comme les Morand, reprit l'atrabilaire Zénobie; ils nous regardent déjà du haut de leur grandeur et les demoiselles aussi, sous prétexte que c'est éduqué.

— Et à quoi ce monsieur Morand a-t-il gagné tant d'argent? demanda le valet de pied, homme positif.

— A jouer à la Bourse, donc! il n'en dormait pas dans ces derniers temps : la nuit, il courait aux bureaux des journaux pour savoir les nouvelles; même que je lui ai dit : — Faut respecter le repos de monsieur Corbeau, M. Morand; il ne dort plus que d'un œil depuis que vous êtes toujours au pied levé.

— Et il a beaucoup gagné?

— Des cent et des mille, répondit le portier, et toujours à la hausse, toujours, il avait confiance dans le gouvernement, c'était son idée à cet homme.

— Et maintenant, reprit Zénobie, relevant avec empressement le fil de la conversation qui lui était échappé une minute, maintenant ils ont une maison complète, à la place de Jeanneton qui était autrefois chez eux pour tout faire : cuisinière, femme de chambre, lingère, valet de chambre...

Elle marquait sur ses doigts : le domestique l'interrompit :

— Leur faut-il un valet de pied? demanda-t-il : je quitterais volontiers la maison où je suis ; c'est une vraie cassine.

— Et moi *idem*, dit une des cuisinières ; on gagne à changer.

— Rien à faire ici pour le moment, mes chéris, répondit Zénobie, la maison est au complet, et l'on attend tout à l'heure la nouvelle femme de chambre ; c'est la troisième, Dieu merci ! depuis que M. et Madame Morand ont fait peau neuve. Celle-ci, je l'ai vue quand elle est venue se présenter, a tout l'air d'une sainte-n'y-touche.

— Ah ! que je n'aime pas ces yeux en dessous ! répondit une des cuisinières à qui on ne pouvait pas reprocher un regard trop timide.

— La voilà ! la voilà ! s'écria la portière, en montrant la porte vitrée qui donnait dans le vestibule.

Une jeune fille, suivie d'un commissionnaire qui portait sur ses crochets une malle et deux cartons, se disposait à monter l'escalier. Madame Corbeau la héla de sa voix éraillée, en disant:

— Vous montez au premier, mam'zelle ?

— Oui, chez Madame Morand.

— Ah! vous êtes la nouvelle femme de chambre? Vous entrez dans une maison où l'on aime à faire la place nette.

— Je tâcherai d'y rester, répondit tranquillement la jeune fille.

— Vous ferez mieux que d'autres, alors, dit une des domestiques d'un ton ironique et brusque.

— Allons ! ne nous fâchons pas, interrompit M. Corbeau; cette jeune personne a encore l'air toute novice.

— Vous avez déjà servi, mon cœur? demanda Zénobie.

— Oui, dans deux maisons.

— Et vous avez quitté ?

— Ma maîtresse est morte, et j'avais de bonnes raisons pour ne pas demeurer dans mon premier service.

— Ah! oui, chacun connaît ses petités affaires, répondit la portière. Et comment vous nommez-vous, mon chat ?

— Célestine Bertrand, répondit la jeune fille en montant lestement les marches, afin de se soustraire à cet interminable colloque.

Elle sonna, le cœur palpitant, à la porte d'un très-bel appartement situé au premier de cette grande maison, rue de Provence.

Une jeune personne vint à sa rencontre dans l'antichambre et lui dit avec bonté :

— Vous êtes Célestine, la nouvelle femme de chambre de maman?

— Oui, mademoiselle.

— Venez, je vais vous montrer votre chambre, on va y porter vos bagages.

Elles traversèrent une belle salle à manger,

meublée en chêne, un grand salon, où Célestine ne vit que de l'or, des étoffes rouges, des jardinières pleines de fleurs, une chambre à coucher brillante et encombrée de jolies choses, et, par un couloir obscur, elles arrivèrent dans un cabinet qui n'avait rien emprunté au luxe du reste de la maison. Un lit, deux chaises, une étroite commode en formaient le mobilier ; pourtant, une main chrétienne et prévoyante avait suspendu au chevet du lit un bénitier surmonté d'une touffe de buis et un petit crucifix. C'était le seul *superflu* de cette pauvre chambrette et l'on pouvait dire en le voyant :

Le superflu, chose si nécessaire

— Voici votre chambre, dit la jeune fille à Célestine ; et voici la sonnette de maman au dessus de votre tête, et la nôtre dans l'angle du mur. Ecoutez-moi bien maintenant : je vais vous mettre au courant de votre besogne.

Et, d'un ton ouvert et gracieux, elle énuméra les différentes occupations qui allaient remplir la vie de Célestine, en assignant à chacune d'elles son heure et sa méthode. Célestine l'écoutait avec attention ; mademoiselle Hélène Morand était une charmante et douce personne de dix-huit ans, svelte, un visage frais comme une églantine des bois, elle avait des yeux gris, vifs et caressants, et des cheveux d'un beau blond cendré, accompagnant en tresses brillantes sa jeune figure. Sa voix était nette et franche, et l'expression de ses traits peignait la candeur, la bonté, mêlées à un certain sérieux au-dessus de son âge. Elle semblait très au courant du ménage, et avec un soin prévenant, elle enseignait à Célestine ce qui pouvait être agréable à son père, à sa mère, à sa jeune sœur; elle l'excitait à bien faire en lui montrant ce qu'elle attendait de sa bonne volonté et en lui témoignant un intérêt auquel, de nos jours, les domestiques parisiennes ne sont guères accoutumées.

— Vous êtes née à Paris ?

— Oui, mademoiselle, au faubourg Saint-Marceau.

— Et vous avez encore vos parents?

— Ma mère seulement; elle demeure avec ma sœur qui est mariée, et pendant que ma sœur fait son travail de couturière, ma mère vaque au ménage et aux marmots. Puis, j'ai un frère, ouvrier chapelier, un autre qui est au service, et une petite sœur, qui est bonne d'enfants.

— Aidez-vous votre maman?

— Un peu, mademoiselle.

— Ah! c'est très-bien, vous ne pouvez mieux faire. Vous savez lire et écrire, je suppose.

— Un peu aussi, mademoiselle; j'ai cependant suivi l'école des Sœurs, mais j'étais plus forte sur la couture que sur l'écriture.

— Je n'en suis pas fâchée, Célestine; nous aurons besoin de votre aiguille, et j'espère que vous nous contenterez tout-à-fait.

— J'y tâcherai, mademoiselle.

Un coup de sonnette les interrompit.

— Voilà maman qui demande sa toilette

pour dîner ; venez, Célestine, je vous aiderai pour la première fois.

— Et vous, mademoiselle ?

— Oh ! moi, je m'habille toute seule et j'aide encore Andrée. Venez vite.

Elles arrivèrent dans un somptueux cabinet de toilette où se trouvaient rassemblées toutes les recherches du plus élégant bien-être. La maîtresse de ce lieu, madame Morand, tout en les attendant, s'était amusée à réunir sur un canapé les éléments de sa toilette, une robe de moire grise, une pèlerine de guipure, un vaporeux bonnet, des gants, un joli mouchoir, et sur un petit meuble de Boule, on voyait un écrin qui renfermait une broche, un bracelet, des épingles en améthyste, mêlées de perles. Elle regardait ces joyaux, ces dentelles avec un plaisir que l'habitude n'avait pas encore gâté ; la possession de ces biens était nouvelle, et pendant près de quarante ans, madame Morand les avait ardemment enviés, violemment poursuivis. Elle en jouissait maintenant avec la frénésie de l'avare qui a longtemps convoité un trésor, avec l'enivrement du prodigue qui se livre sans arrière-pensée aux plus folles joies.

Madame Morand, vingt ans plus tôt, pouvait très-bien se passer de parures, car elle était extrêmement jolie, et c'était de cette époque cependant, alors que septième enfant d'un pauvre employé, elle voyait sa jeune beauté fleurir sans cadre et sans ornement, c'était de cette époque que dataient ses aspirations vers la richesse. L'âge, la vue du luxe d'autrui, les avaient augmentées, et depuis quelques mois enfin, elle les satisfaisait pleinement et sans lassitude, comme l'homme pressé d'une soif ardente et fiévreuse et qui boit les plus fraîches eaux sans être désaltéré.

Elle accueillit Célestine d'un bonjour bref et se remit aussitôt entre ses mains. Les deux dames que la jeune fille avait servies étaient l'une et l'autre d'humeur modeste et facile, aussi se fût-elle trouvée bien embarrassée devant les coquettes exigences de madame Morand, si Hélène ne lui était venue en aide. Mais, avec beaucoup de grâce, la jeune fille arrangea les plis de la robe, donna un tour heureux à la coiffure, plaça les bijoux et donna ainsi à Célestine une première et utile leçon. Quand elle eut fini :

— Vous êtes très-belle, dit-elle en riant à sa mère, je vais me faire belle aussi maintenant.

Elle fut belle en effet, et pourtant, un velours noir placé dans les cheveux fit tous les frais de sa nouvelle parure. A côté d'elle, sa sœur Andrée, vivante image de leur mère en ses plus beaux jours, avait voulu lui ressembler en tous points: elle était parée autant que peut l'être une jeune fille, et Célestine se dit en la voyant auprès d'Hélène :

— C'est drôle! elles sont sœurs, elles sont jolies toutes deux, et elles ne se ressemblent pas... J'avais toujours aimé un brin la toilette, mais vraiment, en voyant mademoiselle Hélène, je comprends qu'on peut très-bien s'en passer.

II.

LA MAISON DU SPÉCULATEUR.

En dépit des sinistres prévisions de la portière Zénobie, Célestine se plut chez madame Morand et y demeura. Son travail, laborieux et compliqué, n'effrayait pas sa jeunesse et ne faisait pas fuir sa bonne humeur, quoiqu'on menât dans cette maison la vie de fêtes, active et dévorante, à laquelle on s'étonne que puisse suffire la complexion délicate de certaines femmes.

M. et Madame Morand avaient mené durant dix-neuf ans une existence paisible et laborieuse; il était second commis dans une importante maison de banque, et avec ses mo

destes appointements, sa femme tout appliquée à son ménage et à ses enfants, les faisait
vivre d'une manière honorable. Peut-être,
dans l'intérieur de la famille, subissait-on
quelques privations afin de satisfaire à ce
goût du luxe qui se développe au sein des
grandes villes et au contact incessant de la
richesse ; peut-être telle robe avec laquelle
madame Morand éblouit et éclipsa ses amies,
fut-elle payée par des économies que tout
autre motif eût fait trouver insupportables;
peut-être l'appartement trop cher n'était-il
pas assez chauffé, peut-être le vin toujours
absent payait-il les beaux meubles, et la cave
faisait-elle les frais du salon; quoiqu'il en soit,
les deux époux ne se querellaient pas sur des
goûts et des désirs qui leur étaient communs;
tous deux souhaitaient ardemment la fortune, et tous deux saisirent avidement l'occasion par cet unique cheveu qui échappe si
souvent aux mains de ses poursuivants.

Madame Morand hérita d'une tante, vieille
fille économe, une somme de dix mille francs.
Cinq cents francs de rente, pour de modestes

employés, c'était une certaine ampleur dans la vie de chaque jour, c'est l'aumône qui fait du bien à l'âme, c'est la bûche au foyer, le jardin sur la fenêtre, c'est sur la table de famille

« Un vin qui réjouit la lèvre qui le boit ! »

mais aux deux époux, il fallait davantage, et M. Morand sans hésiter, sans reculer, risqua, dans les spéculations de la Bourse, la somme tout entière. Il réussit, gagna, risqua de nouveau, gagna davantage, et parvint en quelques mois, à placer sa famille dans une situation prospère et presque brillante. Les rêves de Madame Morand étaient réalisés; elle touchait, elle possédait ce qu'elle avait poursuivi toute sa vie, et l'ivresse de l'argent lui montant à la tête, elle dépensa sans compter, mit sa maison sur un autre pied, renouvela son mobilier, fut de toutes les fêtes, suivit toutes les modes, ne vécut plus, — elle jusqu'alors raisonnable et grave, — que pour la dissipation et les bruyants plaisirs.

Une de ses filles, Andrée, insoucieuse et légère, poussait sa mère dans cette voie rapide et dangereuse; il semblait qu'une fièvre maligne se fût allumée dans ses veines, et la précipitât jusqu'au délire dans les dépenses et les divertissements. Cette émulation que d'autres ressentent pour le bien et pour la vertu, elle l'éprouvait pour les bagatelles et les puérilités du monde; il fallait qu'elle dépassât toutes les jeunes filles de son âge en élégance, comme il fallait que ses parents dépassassent leurs égaux en luxe et en somptuosités; il fallait qu'elle fût de toutes les fêtes, qu'elle ne manquât aucune occasion de se montrer et de briller, et sa mère, qui l'avait toujours aimée avec faiblesse, ne cédait que trop volontiers à des penchants qui la dominaient elle-même.

Hélène, seule, avait échappé à la contagion. Sa pauvreté d'autrefois lui avait paru légère; sa fortune actuelle ne l'éblouissait pas; elle ne croyait pas qu'un peu d'argent dût transformer le caractère, ni changer même les habitudes, ni vouer à l'oisiveté des heures que réclamaient jadis d'utiles travaux. A ses yeux, c'eût été là un marché de dupes, une de ces transmutations qui, dans la main des charlatans, changent le vrai or en plomb grossier ou en herbes folles. Aussi, fidèle à ses douces occupations, elle se levait de grand matin, et pendant qu'Andrée dormait entourée de fleurs flétries et de gazes fanées, Hélène priait, étudiait, écrivait de l'anglais et de l'allemand, faisait des extraits, élevait son cœur à Dieu par la méditation, l'élevait encore par de bonnes lectures, et après avoir travaillé de l'esprit, elle travaillait beaucoup de l'aiguille et agissait dans la maison en aidant les domestiques, en veillant au bien-être des siens, en ne négligeant aucun détail qui pouvait être utile aux autres. Chacun voit dans le prochain les qualités ou les défauts en rapport avec sa propre destinée. Les pauvres aimaient la charité d'Hélène qui trouvait le temps de travailler pour les petits enfants et de faire des layettes avec ce qui se serait perdu dans la maison ; les jeunes filles, ses amies, appréciaient la douceur et l'égalité de son caractère, les mères de famille louaient ses attentions tendres pour ses parents, et Célestine, humble femme de chambre, fut frappée de l'activité d'Hélène et de son antipathie pour le faste et la dépense.

Célestine aimait, nous l'avons dit, un *brin* de toilette : parisienne, elle avait le goût délicat, exercé, et les belles choses attiraient facilement ses yeux et son désir. Souvent, il faut bien l'avouer, une grosse part de ses gages avait passé en robes, en broderies, en rubans, et elle escomptait l'avenir en portant son bien-être futur sur ses épaules sous la forme d'un nouveau châle ou d'un joli mantelet. Les présents que lui faisaient ses maîtresses ne la laissaient pas indifférente, et Andrée surtout se montrait fort libérale, et donnait volontiers des objets qu'elle remplaçait le lendemain.

Un jour, Célestine, qui travaillait dans la lingerie, entendit la voix des deux sœurs qui causaient dans leur chambre, et quoiqu'elle eût bougé une chaise pour avertir de sa présence, le dialogue continua :

— Tu mettras aujourd'hui ta robe de barège vert-d'eau ? Je mettrai aussi la mienne, demandait Hélène.

— Ah ! ma robe verte ! je l'ai donnée à Célestine, il y a huit jours.

— Tu l'as donnée ! Elle était toute neuve... Et puis, as-tu raison de donner à Célestine des robes élégantes, trop élégantes pour elle, et qui ne peuvent que lui inspirer le goût de la parure et le dégoût de sa condition ?

— Ah ! ma chère Hélène, grâce, s'il te plaît ! Ne me prêche pas ; je fais aux autres ce que je voudrais que l'on me fît. J'aime la toilette, je pense que Célestine l'aime aussi, et je lui donne le moyen de satisfaire sa fantaisie.

— Hélas ! chère Andrée, c'est ce dont je te blâme. Ne faudrait-il pas enrayer un peu ? Si tu voyais le chiffre de tes emplettes, va, tu serais bien surprise !

— Je n'ai pas envie de le voir, je ne m'en inquiète seulement pas. Nous avons végété assez longtemps, comme dit maman, il est temps de vivre.

— Mais sais-tu si papa peut satisfaire à tant de dépenses ?

— Papa ! mais il le dirait, il nous avertirait ! répondit Andrée d'une voix étonnée. Il ne dit rien ; nous pouvons donc aller en avant. Nous avons notre petit million, je suis sûre que nous avons notre petit million !

— Et quand même, répondit Hélène tristement ; nos dépenses, augmentant toujours, dépasseraient vite notre revenu. Sais-tu ce que produit un million ?

— Je ne le sais pas ! je ne veux pas le savoir ! s'écria l'enfant gâtée. Viens plutôt voir, toi, les nouvelles robes qu'on a apportées de chez madame Roger. Il y en a une noire toute brodée, qui est un amour ; puis une, bleu de France, garnie de rubans ; une, gris-poussière, avec de la guipure... Viens !...

— Je ne suis pas curieuse, répondit Hélène ; il faut que j'aille à la cuisine veiller au déjeûner de mon père. Il ne veut que des œufs, et ils sont toujours manqués...

Elle s'éloigna, et Andrée sortit aussi en chantonnant. Célestine réfléchit longtemps à cet entretien, et quelques jours après, se trouvant seule avec Hélène, elle lui avoua qu'elle avait tout entendu :

— Vous n'approuvez donc pas, mademoiselle, qu'on fasse des présents à une pauvre domestique ?

— Oh ! si, dit-elle ; j'aime bien tout ce qui fait plaisir aux autres, mais je ne puis pas approuver, Célestine, des dons imprudents, des présents dangereux.

— Ce qui est trop beau est donc dangereux ?

— Je vous en laisse juge : une belle robe ne fait-elle pas paraître tous vos autres vêtements laids, fripés et ternes? Ne ferez-vous pas de nouvelles, d'inutiles dépenses pour établir l'harmonie? Vos économies en souffriront, les secours que vous offrez à votre mère en souffriront aussi, et que vous restera-t-il? Un regret, un remords peut-être...

— C'est bien possible, dit Célestine en baissant la tête.

— Croyez-vous que le bon Dieu approuve beaucoup toutes ces belles parures ?

— Je crois que non.

— Il voit bien de l'orgueil, de la coquetterie sous ces brimborions, n'est-il pas vrai ?...

Célestine ne put en disconvenir : les paroles d'Hélène avaient d'autant plus de force, qu'elles étaient complétées, commentées par son exemple. Sa modestie parlait, sa simplicité valait un sermon, et Célestine, se souvenant d'une fable qu'elle avait apprise jadis à l'école, se disait :

— Cependant, les raisins ne sont pas trop verts, et si mademoiselle Hélène voulait, elle aurait à foison toutes ces parures qui font envie aux jeunes filles. Son père les lui prodiguerait, il l'aime tant et il est si riche !..

III.

HEUR ET MALHEUR.

Très-riche, en effet. En peu de mois M. Morand avait gagné une somme qui eût paru fabuleuse en des temps où l'argent était plus rare et la soif du luxe moins ardente, et pourtant, si grande que fût cette prompte fortune, elle ne suffisait pas aux désirs de celui qui l'avait gagnée. Vous le savez, et les orateurs sacrés l'ont souvent dit sous toutes les formes, il semble qu'une bête farouche habite au fond du cœur de l'avare, et que sans cesse elle demande sa proie, que sans cesse elle dise : *Apporte! apporte!* Le repos, la tranquillité dans la jouissance, ne sont plus connus de celui qui a livré son âme au démon de la richesse; en vain lui offrirait-on une existence honorée et paisible, loin du flux et du reflux de la Bourse et des affaires, le besoin de l'agitation le dominerait, et comme les vieux marins assis sous les ombrages et qui, ennuyés, s'écrient : — Rendez-nous les tempêtes! il dirait : — Rendez-moi mes craintes, mes frissons, rendez-moi mes joies sinistres; je suis joueur, et je ne vis que devant le tapis vert!

M. Morand en était là. La fièvre était devenue son état habituel; il vivait de ce qui en aurait fait mourir bien d'autres, et son ardeur d'acquérir était aiguillonnée sans cesse par les dépenses croissantes de sa maison. Le pain quotidien, que tous les jours le fidèle demande dans sa prière, renferme en substance les nécessités de la vie; mais combien le catalogue de ces nécessités est étendu pour ceux qui se sont livrés à l'empire du luxe et de la mode! Bossuet a dit, en parlant de la convoitise : « La première chose qui

« nous fait connaître son avidité infinie,
« c'est qu'elle compte pour rien le néces-
« saire. Cela est trop commun, et par con-
« séquent ne la touche pas... La convoitise
« raffine sur la nature; elle va tous les jours
« se subtilisant elle-même, et raffinant sur
« sa propre délicatesse. Tout ce qu'elle voit
« de rare, elle le désire et n'épargne rien
« pour l'avoir; aussitôt qu'elle le possède,
« elle le méprise et s'abandonne à d'autres
« désirs... O gouffre de la convoitise, jamais
« ne seras-tu rempli? Jusques à quand ou-
« vriras-tu tes vastes abîmes pour engloutir
« tout le bien des pauvres, qui est le superflu
« des riches [1]!... »

Si un Bossuet reparaissait parmi nous, de
quelles paroles se servirait-il à l'aspect du
luxe rongeur qui a envahi tous les ordres
de la société, à l'aspect de ces fortunes si
promptement élevées, si vite abattues, et qui
n'ont que le temps d'éveiller au fond des
âmes les plus insatiables cupidités? Un pré-

---

1. Bossuet, *Sermon sur nos dispositions à l'égard des nécessités de la vie.*

dicateur, un moraliste seuls pourraient dire de quels soucis elles sont accompagnées, et combien leur inquiet possesseur jouit peu même en jouissant. Mais reprenons le cours de cette petite histoire ; elle offre un récit fidèle de ces prospérités éphémères qui tous les jours passent sous nos yeux, nous étonnent et s'évanouissent sans retour.

Le bonheur de M. Morand, quelque grand qu'il fût, n'était pas sans trouble. Il n'avait pris des richesses que les embarras qu'elles traînent à leur suite ; il ne goûtait pas de loisirs, il ne se complaisait pas dans ses beaux salons, il mangeait à la hâte et distraitement ses excellents dîners, il veillait, mais dans les calculs et non dans les fêtes ; il sortait, mais pour aller à la Bourse, chez les agents de change, et non aux riantes promenades ; bref, un petit rentier, jouissant des beaux jours que Dieu fait, appréciant, à son heure, ou les merveilles des arts ou les beautés de la nature, portant la vie doucement, sans grandes joies, sans grandes inquiétudes, était beaucoup plus heureux que cet homme envié. Je ne parle pas d'un chrétien : celui-là, en quelque situation qu'il se trouve, dans la prison Mamertine ou sur le trône de saint Louis, porte son bonheur avec lui : c'est le trésor que la rouille et les vers ne détruisent point.

Cependant, aux préoccupations ordinaires de l'homme d'affaires, s'était joint, depuis quelques semaines chez M. Morand, un redoublement de soucis. Célestine avait, comme beaucoup de domestiques, l'œil perspicace, et elle s'apercevait que si madame Morand et Andrée semblaient en pleine progression de leurs plaisirs, sans arrière-pensées et sans noirs pressentiments, M. Morand, lui, plus silencieux que de coutume, moins aimable aussi, paraissait livré à de graves réflexions, et Hélène, l'interrogeait souvent d'un œil inquiet sans oser lui parler et sans communiquer à personne la peine qui troublait son cœur. Célestine assista aux premiers éclats de l'orage.

Elle était, un jour, seule avec madame Morand, qui avait étalé autour d'elle toute sa garde-robe et s'amusait à combiner de nouvelles garnitures que la femme de chambre devait exécuter. M. Morand entra au moment où la discussion était la plus animée, et il regarda d'un air sombre les mille chiffons épars autour de lui.

— Ah! cher ami, lui dit sa femme, te voilà donc! Je ne t'ai pas vu depuis hier.

— J'ai eu affaire, répondit-il sèchement; et quand je suis rentré hier après-midi pour te parler, tu étais absente.

— Nous étions au bois de Boulogne, dit-elle d'un air glorieux; où veux-tu qu'on aille, par ce temps brûlant? Ah! mon cher ami, j'espère que tu te donneras un congé et que nous partirons bientôt pour les bains de mer : Andrée en a besoin, et moi-même, pour mes pauvres nerfs... l'air de Paris est accablant.

— Vous le trouviez fort supportable autrefois.

— Il fallait bien le supporter; nécessité n'a pas de loi. Mais, revenons... J'hésite entre Dieppe et Biarritz; Dieppe est charmant, mais Biarritz est si brillant, si animé !

— Ne cherchez pas où vous irez, Virginie, car je suis obligé de vous le dire : vous n'irez nulle part. Il faut rester au logis et enrayer.

Madame Morand rougit et s'écria :

— Que voulez-vous dire ? Est-ce un caprice ? En vérité, Charles, vous me traitez avec bien peu d'égards !

— Ne me forcez pas à parler, Virginie, j'aurais trop de choses à dire, et à quoi serviraient des récriminations ? Pas de voyage cette année-ci, voilà mon dernier mot.

Il s'éloigna et la porte retentit derrière lui : Madame Morand pleurait comme un enfant dont on a contrarié les désirs, mais Célestine, sans comprendre tout-à-fait cette scène, éprouva plus de compassion pour la peine profonde gravée au front du mari, que pour les larmes éphémères de la femme.

Le voyage n'eut pas lieu et les derniers mois de l'été parurent pesants. La situation était tendue, comme disent les politiques, et quoique les dépenses et la situation extérieure

restassent les mêmes, l'argent n'affluait plus
comme autrefois ; on vivait sur ce crédit,
si grand et si facile à Paris, et l'on semblait attendre avec confiance un prochain
épanchement du Pactole. Hélène seule paraissait triste, mais elle dérobait ses impres-
sions au monde, qui ne se doutait de rien.
Un jour pourtant, elle vit une petite fleur,
un fuchsia rose que Célestine venait d'acheter pour en orner son étroite fenêtre, et elle
dit avec un sentiment mélancolique :

— Où est le temps où je cultivais aussi des
fleurs sur ma petite terrasse, au quatrième ?
Oh ! que nous étions tranquilles alors !...

— Vous regrettez ce temps-là, mademoiselle ?

—Oui, qui sait ce que garde l'avenir ? Dieu
le sait, Dieu voit pour nous ; c'est la seule
pensée qui me rassure.

A la fin du mois de septembre, M. Morand
parut plus rasséréné, et sa femme et sa fille,
un peu tourmentées depuis quelque temps,
recommencèrent à entrevoir un hiver doré,
plein de fêtes et de promesses. La foudre

tomba tout à coup. Le 1ᵉʳ octobre au matin, un domestique, l'air effaré, vint dire à madame Morand que son mari n'était pas rentré la veille; Hélène pâlit et s'élança vers le cabinet de son père; le cabinet était désert et sur le bureau rangé avec ordre se trouvait une lettre qui portait pour adresse : *A ma femme.*

« Je suis complètement ruiné; mes der-
« nières opérations, sur lesquelles je comptais
« pour rétablir ma fortune ébranlée, se sont
« trouvées si désastreuses, qu'elles ont em-
« porté tout ce qui me restait : je pars, je ne
« puis pas demeurer à Paris, au milieu de
« ceux qui m'ont connu et à qui ma chute
« fournira peut-être des moqueries outra-
« geantes. Je ne fais de reproches à personne,
« nous avons cru notre fortune intarissable,
« et nous en avons joui et usé sans discrétion.
« Ta pensée, ma pauvre femme, et celle de
« mes enfants, ma petite Andrée, ma chère
« Hélène, me brise le cœur en ce moment :
« pourquoi fûmes-nous si imprudents, pour-
« quoi ce goût de faste et de dépenses immo-
« dérées ! Plût à Dieu que nous n'eussions

« jamais été riches ! Adieu ; si je vis et si je
« prospère vous aurez de mes nouvelles.
« Adieu, ma femme, compagne de mes meil-
« leures années ; adieu, mes chères filles :
« pensez à votre pauvre père.

« On trouvera l'exposé exact de mes af-
« faires dans le tiroir secret de mon bureau. »

Tout Paris parla pendant huit jours du si-
nistre financier, tout Paris blâma ou plaignit
la famille malheureuse atteinte dans son honneur, dans sa fortune, dans ses affections, et
ceux même qui, plus âpres à la critique, ne
trouvaient que des mots amers pour cette infortune, eussent été désarmés peut-être, s'ils
avaient vu la douleur mêlée de remords de
madame Morand, la douleur patiente et forte
d'Hélène. Andrée eût moins intéressé, on
voyait qu'elle regrettait surtout la fortune,
et que dans un si grand désastre, où quatre
personnes périssaient, elle ne plaignait qu'elle,
elle seule.

La triste famille subit ces formalités de
la loi, qui se mêlent aux plus douloureux
événements de notre existence, la mort, la

r..ine, pour les rendre plus sombres encore. Les gens d'affaires descendirent dans l'opulente demeure ; on mit les scellés, puis après examen fait des créances, on vendit à l'encan meubles et bijoux, et, un jour, la portière Zénobie eut la satisfaction de voir madame Morand et ses deux filles, modestement vêtues, sortir de l'hôtel de la rue de Provence, qu'elles quittaient pour toujours :

— L'avais-je assez dit ! s'écria-t-elle en se tournant vers M. Corbeau, qui lisait son journal. Te souviens-tu, M. Corbeau, que je t'ai dit : Ce qui vient de la flûte retourne au tambour ! Les voilà bien, ces grandes dames !

Célestine n'avait pas quitté ses maîtresses jusqu'au dernier moment ; elle aimait Hélène, et volontiers elle l'eût servie pour de bien petits gages, mais Hélène, en la remerciant et en l'embrassant, lui dit :

— Je vais me placer moi-même ; il faut que je gagne pour ma mère et ma sœur... Adieu, Célestine, ne m'oubliez pas, et si de meilleurs jours venaient, ma bonne Célestine, je vous rappellerais !...

IV.

NOUVEAUX VISAGES.

Quinze jours après, Célestine était entrée
dans un autre service, chez madame de Tuzelle, femme d'un magistrat distingué. Tout
en cette demeure sérieuse, respirait des habitudes nobles, des devoirs connus et chéris, des amusements réglés par la raison et
par un goût délicat; la fortune hérédi-
taire n'éblouissait pas, on en jouissait sans
vertiges, sagement et libéralement. Madame
de Tuzelle se prêtait seulement au monde,
elle vivait pour sa famille, pour ses enfants
dont elle dirigeait l'éducation avec le dé-

vouement le plus éclairé, et pour les bonnes
œuvres. Célestine comprit, dès le début,
qu'elle avait changé d'atmosphère; la dignité mêlée de douceur de sa nouvelle maîtresse lui inspirait un sentiment qu'elle n'a-
vait point connu jusque-là; elle ne l'aimait
pas comme elle aimait Hélène, mais elle
éprouvait en sa présence un respect qui allait jusqu'à la timidité et la rendait plus si-
lencieuse, moins confiante, moins expansive
que de coutume. Ce n'est pas au moins que
nous blâmions le respect, sentiment trop
méconnu de nos jours, tradition antique
tombée dans le mépris des générations modernes; mais Célestine, enfant du siècle, ne
connaissait pas de milieu entre la familiarité
qu'elle avait eue avec madame Morand, et
même avec la bonne Hélène, et la vénération un peu craintive que lui inspirait madame de Tuzelle. Elle s'efforçait de la servir de son mieux, de la contenter en toutes
choses; et sa maîtresse, absorbée dans de
grands devoirs, ne chercha pas à connaître
plus intimement la jeune fille qui vivait sous

son toit et sous sa protection. Elle lui prêtait parfois de bons livres, elle lui donnait le temps nécessaire pour tous ses devoirs religieux, elle joignait le conseil même à l'exemple, mais sa sollicitude s'arrêtait là.

Cependant, Célestine ne se trouvait pas isolée. Elle avait pour compagne de service une jeune fille d'agréable figure, nommée Nathalie, qui travaillait en linge et servait particulièrement les filles de madame de Tuzelle. Nathalie était gaie, gentille, et elle vint au devant de Célestine avec beaucoup d'empressement et d'aménité. Pourquoi celle-ci se serait-elle refusée à cette amitié qui la provoquait? Elles avaient même âge, mêmes travaux, même demeure, l'enjouement de Nathalie convenait à l'humeur plus calme de Célestine, et si Nathalie était un peu coquette, Célestine pouvait lui dire où mène l'amour désordonné de la parure. Tout semblait donc pour le mieux, et les deux jeunes filles, qui passaient leur vie ensemble, se lièrent en peu de mois d'une étroite amitié.

L'amitié entre les jeunes filles du peuple

est souvent plus intime, plus exclusive que dans les classes élevées où mille distractions de l'esprit éparpillent les sentiments du cœur. Quand deux amies se sont choisies, elles se quittent le moins possible, une confiance complète les unit, elles se copient l'une l'autre dans leur démarche, leur vêtement, et la sœur de choix est ordinairement plus aimée que la sœur donnée par le sang. C'est là un pacte tout favorable à la vertu, quand les deux amies sont sages et bonnes ; et entre les méchants, les pactes d'affection ne durent guère. Célestine mit ainsi tout son cœur dans son nouvel attachement sans trop s'informer si Nathalie était bien digne d'une amitié vive et sincère: le besoin d'affection, le besoin d'appui dans cette maison sérieuse avaient surtout poussé Célestine vers sa compagne : l'habitude toute puissante fit le reste.

Cinq ans auparavant, Nathalie, jadis gardeuse de dindons, était arrivée de son village à Paris, mais cette petite bergère n'apportait pas dans la grande ville l'innocence et la simplicité des champs. La corruption

des villes s'étend comme la tache d'huile,
elle gagne de proche en proche, elle fait
pénétrer dans les hameaux la soif du lucre,
l'envieuse égalité, le goût des plaisirs, la
recherche des parures, et d'autres maux
plus tristes et plus profonds. Nathalie était
une de ces villageoises, ignorante du bien,
savante dans le mal, dévorée jusqu'au cœur
par l'orgueil, si grand parfois chez les petits,
et décidée à beaucoup de choses pour satisfaire ce vaste et puéril amour-propre qui, chez
les pauvres filles du peuple, a surtout en vue
la toilette, le décor extérieur destiné à les
tirer, en apparence, de leur modeste condition. Frivolité! vain amour de la parure,
source des plus grands maux qui, chez les
riches, étouffe la charité, et qui tue, chez les
pauvres, la douce modestie et la sainte chas-
teté!

Célestine ne voyait pas tout cela; les ca-
resses et l'entrain de son amie l'aveuglaient
sur ses défauts, à tel point que bientôt, elle-
même, pourtant éclairée par de graves leçons
et de funestes exemples, se reprit aux pensées

d'amour-propre, aux désirs des bagatelles et aux dépenses exagérées et futiles. Cependant, quelque émulation qu'elle y apportât, elle ne parvint pas à distancer son amie; celle-ci avait des robes plus fraîches et en plus grand nombre, de plus coquettes coiffures, des broderies plus chères, de plus jolis rubans, et quand Célestine, un peu surprise, lui disait :

— Comment fais-tu ?

— Oh! je travaille beaucoup, le soir dans ma chambre je me fais mes robes, mes bonnets, je brode mes cols, j'économise les façons, et je gagne là-dessus de quoi acheter du nouveau.

Dans presque toutes les maisons comme au théâtre, il se rencontre un *raisonneur*, c'est-à-dire un personnage désintéressé, calme, tant soit peu frondeur, et jugeant les choses d'après des idées qui ne sont plus celles de notre temps. Or, chez madame de Tuzelle, le raisonneur était tout bonnement une vieille cuisinière nommée Barbe, qui inspirait et méritait une grande confiance. Elle avait apporté de son cher pays de Flandre une propreté parfaite, des recettes exquises, de grands bonnets, de beaux casaquins d'indienne à fond blanc, les anciennes mœurs et l'antique probité. Elle grognait volontiers (qui n'a ses torts en ce bas-monde?) mais ses grognements n'étaient pas toujours sans juste motif. Nathalie lui servait souvent de thème :

—Je vous croyais plus raisonnable qu'elle, disait-elle à Célestine; vous me faisiez l'effet d'une créature assez sage quand vous êtes entrée ici, et voilà que vous avez sur le dos et sur votre bonnet autant de couleurs que les *vlagues* de Dunkerque un jour de fête [1] ! Seigneur, quelle bêtise ! Vous croyez donc que vous ne deviendrez jamais vieille et que vous n'aurez pas besoin d'une poire pour la soif ?

--- J'ai encore le temps, Barbe.

—Ça vient vite tout de même. Il me

1. *Vlagues*, nom flamand des bannières que l'on pend dans les rues des villes flamandes les jours de fêtes et de procession.

semble que c'était hier que je dansais sous le *roosen-hoed* [1] et puis, ma fille, vous sortez de votre condition. Une robe de soie, un châle, un chapeau de paille... laissez donc toutes ces nippes-là aux dames, et habillez-vous comme une brave servante.

— Avec de grands casaquins comme vous, Barbe ?

— Pourquoi pas ? vous n'en seriez pas plus laide. C'est Nathalie qui vous pousse à toutes ces vanités, pas vrai ? En voilà une qui voudrait bien être habillée comme Madame, avec des plumes et des dentelles ! Elle crève d'orgueil et de jalousie !

— Oh ! Barbe, comme vous la traitez !

— Comme elle mérite. Moi, voyez-vous, j'ai aussi mon amour-propre, c'est d'être la première de mon état, en honnêteté, en *bravoure* et en habileté. J'ai soixante ans, demandez si j'ai jamais fait tort d'un sol à mes maîtres, si j'ai fait danser l'anse du panier,

1. *Roozen-hoed*, chapeau de roses. En Flandre, on pend au milieu de la rue une grande couronne de roses sous laquelle les enfants dansent des rondes.

comme on dit à Paris ! Je ne prends pas le
sou par livre, dà ! comme tant de cuisinières
qui font honte aux braves filles. J'ai travaillé tant que j'ai pu, et j'ai appris à fri
casser de mon mieux pour contenter mon
monde. Aussi, monsieur, qui dîne chez des
ministres, dit qu'il ne mange rien de meilleur que mon pâté de crevettes et mon gâ-
teau à la mazarine. Ça, c'est ma gloire, prier
le bon Dieu, aller tête levée et faire du bon
fricot. J'aime mieux ce contentement-là que
d'avoir des robes qui ont dix aunes de tour
et des bonnets à la *raffola*. Voilà, faites-en
votre profit, Célestine : je ne dis rien à Nathalie, ce n'est pas la peine ; elle ne profite-
rait pas.

Barbe ne ménageait pas ses philippiques,
mais elle n'était guère écoutée et l'amitié
comme la toilette croissaient toujours.

V.

UNE RENCONTRE.

Un dimanche, Célestine sortit pour aller voir sa mère; en suivant la longue ligne de la rue Saint-Lazare, elle remarqua une femme qui marchait devant elle d'un pas rapide, et qui, si le pas pouvait avoir une physiologie, aurait dénoncé l'inquiétude. Cette femme paraissait jeune, sa taille était svelte, sa tournure élégante, quoique ses vête-ments fussent de la plus stricte simplicité. A sa vue, Célestine eut un battement de cœur; elle l'avait reconnue, et pressant sa marche, elle se trouva à ses côtés et dit avec élan:
— Mademoiselle Hélène!

Hélène la reconnut, lui serra la main, mais sans s'arrêter, et elle lui dit :

— Ma bonne Célestine, je ne puis pas perdre un moment : je vais voir Andrée qui est bien malade.

— Me permettez-vous de vous accompagner, mademoiselle ? Je suis si heureuse de vous avoir retrouvée !

— Et moi aussi, Célestine, j'ai souvent pensé à vous.

— Et madame Morand ?

— Nous demeurons ensemble, rue de Vaugirard : maman tient notre petit ménage, et moi, Célestine, je suis caissière dans un grand magasin de merceries.

— Vous, mademoiselle ! Quoi ! vous travaillez !

— Et je suis bien heureuse de pouvoir le faire. C'est si heureux de travailler pour sa mère !

— Mademoiselle Andrée vous aide, sans doute ?

A ce nom d'Andrée, Hélène rougit, soupira et dit à voix basse :

— Hélas ! Andrée ! elle est malade, Célestine : la pauvre enfant se meurt, et nous ne pouvons pas même déplorer sa mort !

Célestine n'osa rien demander de plus ; elle suivit Hélène qui montait rapidement la rue Blanche. Elles arrivèrent devant une maison bâtie dans le goût moderne et montèrent un large escalier ; Hélène s'arrêta au premier devant une porte lambrissée et sonna doucement. Une soubrette, assez mal mise et d'un minois effronté, vint ouvrir, et Célestine suivit la jeune fille dans l'appartement de la malade.

La chambre d'Andrée où elles entrèrent portait, quoiqu'en désordre, le cachet d'un grand luxe et d'une fantaisie pleine de pittoresque et de caprices. Le meuble était en bois de palissandre, toutes les tentures en lampas bouton d'or ; des objets d'art étaient éparpillés sur la cheminée et sur le guéridon, des fleurs se fanaient dans une jardinière, et le vaste lit capitonné dans lequel Andrée était couchée avait des draps de batiste et des oreillers brodés. Célestine entrevit ces magnificences d'un coup-d'œil, et en même temps son regard exercé de femme de chambre découvrit que la poussière et les taches déshonoraient ces étoffes et ces meubles précieux, mais sans s'arrêter à ces remarques, elle chercha Andrée.

Les yeux d'un ami, les yeux d'un père ne l'eussent pas reconnue. De sa beauté d'autrefois il ne restait rien que ses cheveux noirs tombant en mèches inégales sur ses joues creuses et livides et ses yeux bleus, si riants autrefois, aujourd'hui fixes et presque égarés. Sa respiration était pénible, et lorsqu'elle toussait, la sueur mouillait son front et il semblait qu'elle allait expirer dans un suprême effort. Sa mère était à ses côtés, la figure dévastée par la douleur autant que celle d'Andrée par la maladie et, ainsi que le devina Célestine, par de funestes plaisirs.

Sur le lit se trouvaient plusieurs écrins entr'ouverts, avec lesquels Andrée semblait jouer. Hélène courut vers elle et l'embrassa au front, et Andrée lui dit d'une voix languissante :

— Tu es bien bonne de venir me voir ; je soupirais après toi, je m'ennuie tant ! Personne ne vient me voir !

— Quoi ! personne, M. le curé n'est pas venu ?

— Si, si, ce matin ; il est très-bon, il me dit d'avoir confiance... et le médecin est venu aussi ; il dit que je guérirai peut-être...

En achevant ces mots, elle regarda sa mère et sa sœur d'un œil interrogateur. Hélène baissa les yeux et madame Morand versa quelques larmes.

— Tu voudrais bien que je vive, maman? demanda Andrée. Va, je ne te ferais plus de peine : nous vivrions tranquilles ensemble...

Elle se tut ; elle ne voyait pas Célestine que les rideaux du lit cachaient entièrement, et, d'un air découragé, elle s'était remise à jouer avec les bijoux ; diamants et perles ruisselaient entre ses doigts maigres comme ceux de la mort ; elle les regardait, elle les faisait scintiller, et Célestine l'entendit qui disait d'une voix sourde :

— Tout laisser! Tout quitter! N'emporter qu'un drap sous la terre...

Hélène l'avait entendue aussi, elle s'approcha du lit et lui dit doucement :

— Veux-tu que je te fasse une lecture? Tu sais, hier, tu m'as écoutée avec plaisir.

— Oui, si tu veux, répondit Andrée.

Hélène commença dans le P. de Bussy une lecture sur le *Bonheur du ciel* ; elle lisait avec onction, elle cherchait à faire pénétrer ces vérités touchantes dans une âme où le monde faisait encore tant de bruit, madame Morand l'écoutait, Andrée paraissait plus calme, quand tout à coup la porte s'ouvrit et la soubrette entra, le tablier relevé et le poing sur la hanche. Elle alla droit au lit et dit de sa voix rude à Andrée :

— Vous avez donc oublié, vous, que je vous ai dit que je n'avais plus un centime, et que crédit est mort, mort et enterré? Avec quoi que je vas avoir du bouillon, de l'orgent et du feu, qu'il n'y a plus une bûche, et de l'huile pour la veilleuse?

— Je n'ai pas d'argent, dit Andrée d'une voix faible.

Célestine écoutait, étonnée, la révélation de cette pauvreté déguisée sous les faux dehors d'une si grande opulence. Elle eut envie d'offrir sa bourse, mais Hélène prit la parole :

— Je vais chercher ce qu'il faut à ma sœur, dit-elle : allez, Florine, et faites-lui un peu de tisane. Je serai de retour dans un quart d'heure.

Elle sortit, et Célestine se glissa derrière elle. Quand elles furent dans la rue, Hélène lui dit :

—Vous voyez ce qu'est devenue ma pauvre sœur, ma pauvre petite Andrée ! Hélas ! Célestine, c'est là le plus cruel de nos chagrins.

— Je croyais mademoiselle Andrée avec vous.

— J'ai voulu la faire travailler avec moi, dans ce magasin où je gagne ma vie, mais l'amour du luxe et de la parure était trop vif en elle ; elle a tout foulé aux pieds pour le satisfaire... elle m'a quittée... et je ne l'ai revue qu'il y a huit jours, mourante !

— Mourante, si jeune et au milieu de ces richesses!

— Richesses infâmes! Ah! si je pouvais la sortir de cette chambre, la faire porter chez nous, dans notre pauvre chez-nous! mais elle est trop mal, elle ne supporterait plus le transport; elle mourrait dans la rue. Quand ma mère et moi nous l'avons revue, elle était mourante... et délaissée. On lui a laissé jusqu'à sa mort ce luxe criminel pour lequel elle s'est perdue.

— Et elle manque d'argent, parmi toutes ces choses magnifiques!

— Elle peut les vendre, répondit Hélène avec un sourire amer. Oh! Célestine, du pain, de l'eau dans une mansarde, mais le repos de la concience, l'espoir en Dieu et l'honneur intact, quelle joie!

— Et c'est vous, mademoiselle, qui allez payer aujourd'hui...

Elle se tut embarrassée.

— Oui, dit Hélène; je suis heureuse de pouvoir offrir ce faible secours à ma sœur, je possède quelques économies. Tenez, Célestine, voici mon adresse, venez me voir, et priez, oh ! priez bien pour Andrée. Elle a consenti à recevoir la visite d'un prêtre; c'est une grande consolation, c'est la seule. Ma pauvre petite Andrée! elle était si gentille autrefois: vous en souvenez-vous, Célestine?

— Dame, oui, mademoiselle, mais elle aimait bien les belles robes...

— Tout le mal est venu de là; perdre l'honneur et la vie pour des chiffons, et l'éternité ! l'éternité !...

Elle essuya ses yeux, fit un geste d'adieu à Célestine et s'éloigna au plus vite. Dix jours après, la femme de chambre apprit la mort d'Andrée, mort pleine de tristesse et de salutaires repentirs, et pénétrée jusqu'au fond de l'âme, elle fit dire une messe pour l'âme de la pauvre pécheresse.

VI.

UN ÉVÉNEMENT.

L'esprit de Célestine n'était pas incapable de réflexion, et la vue d'Andrée, le souvenir de cette brillante jeunesse, impitoyablement moissonnée par de coupables plaisirs, ces terreurs de la mort qu'elle avait lues au front de l'agonisante, tout ce funeste tableau fit sur son âme une impression profonde. Les instigations de Nathalie la laissèrent froide; elle trouva avec la bonne vieille Barbe, que c'était folie de mettre toute sa vie, tout son cœur dans des parures, et de se laisser aller à cet amour frivole et fatal qui mène tant de femmes au fond de l'abîme.

Les bons conseils d'Hélène aidèrent aux réflexions de Célestine. Autour d'elle on respirait un air pur, plein de religion et d'honneur ; elle travaillait toute la journée d'un labeur monotone et fatiguant, toujours penchée sur son pupitre, toujours écrivant et calculant, mais son visage ne perdait pas sa sérénité, ni son âme ce bonheur intime que la conscience donne, bouclier sacré sur lequel s'émoussent les traits de l'infortune. Elle était estimée, honorée de tous, et quand, le soir, après dix heures de travail, elle rentrait chez elle, près de sa mère qu'elle faisait vivre et qu'elle faisait sourire, de sa mère que son exemple avait ramenée à une existence grave et sainte, il semblait que les souvenirs bénis d'une vie de dévouement lui fissent cortége, pour ennoblir sa pauvreté et peupler de leurs figures amies ce foyer solitaire.

Célestine comprenait d'instinct la beauté et la simplicité des vertus d'Hélène, et elle cherchait à la voir souvent ; comme on cherche un air plus pur pour son corps, elle cher-

chait une atmosphère saine pour son âme.
Vue à travers les pensées sérieuses que la
mort d'Andrée avait fait éclore, Nathalie lui
semblait bien frivole, bien légère et bien
froide ; elle avait écouté d'une oreille dis-
traite le récit que son amie lui avait fait des
chagrins de la famille Morend, et elle avait
répondu tout en se mirant :

— Il n'y a pas de quoi tant gémir : votre
mademoiselle Andrée a eu une joyeuse vie,
courte et bonne, ça me va ; j'aime mieux
cela que d'être caissière à deux mille francs.

Ces paroles furent comme une note discor-
dante dans un beau concert, comme une
goutte glacée sur un brasier ardent, Célestine
en souffrit et son amitié perdit de sa première
confiance. Elle ne pensait plus tout haut avec
Nathalie, car elle l'estimait moins. Un autre
chagrin se joignit à celui-ci ; sans qu'elle pût
se rendre compte du *pourquoi*, madame de Tuzelle lui paraissait mécontente, ou de son service, ou de son caractère ; le visage de sa
maîtresse était toujours sérieux : souvent,
elle surprenait arrêté sur elle son regard per-

çant et dans lequel on pouvait lire une arrière-pensée inquiète ; il semblait que madame de Tuzelle inspectât à la fois son costume, ses traits et jusqu'à son cœur ; les
marques de confiance qu'elle donnait jadis à
Célestine ne se retrouvaient plus dans l'habitude de la vie, celle-ci n'ouvrait plus le
meuble aux bijoux, les clefs de la garde-robe
n'étaient plus à sa disposition, ses comptes
étaient vérifiés avec plus d'exactitude, et la
jeune fille éprouvait un secret malaise, dont
elle souffrait et auquel elle n'aurait pu assi-
gner de motif. Elle ne s'en plaignait à personne, mais seule avec elle-même, elle y pensa
beaucoup sans trouver le mot de l'énigme.

Depuis quelques jours surtout, madame de
Tuzelle semblait plus préoccupée que de coutume. Célestine l'avait vue cherchant d'une
main active, dans ses meubles, ses tiroirs,
bouleversant papiers et linge, et intimidée
par la froideur qu'on lui témoignait, elle n'a-
vait pas osé offrir ses services. La jeune dame
continuait ses explorations, pendant que Célestine travaillait à l'aiguille auprès d'elle,

quand tout-à-coup, Barbe fit irruption dans la chambre. Elle avait l'air agité, ses cheveux gris étaient dérangés sous son bonnet et les plis de son grand mouchoir à fleurs avaient perdu leur symétrie. Elle courut à sa maîtresse, et avec une familiarité dont elle seule avait le privilége :

— Ne cherchez plus, madame, s'écrit-elle, j'ai trouvé ! que dites-vous de ceci ?

Et elle éleva triomphalement un col brodé garni d'une belle valenciennes. Madame de Tuzelle le prit :

— Ce col est à moi, dit-elle, en effet, Barbe, je l'ai perdu il y a plus de six mois ; où l'avez-vous donc trouvé ?

— Où l'aurais-je trouvé ? Je suis allée, comme les pêcheurs, là où frétille le poisson, et c'est dans la chambre de Nathalie que j'ai trouvé votre col et ce ruban de cou (elle le sortit de sa poche), et ce peigne d'écaille (elle le sortit encore), et si vous cherchez bien, vous y trouverez tout ce qui vous manque, à commencer par vos boucles d'oreille.

— Dans la chambre de Nathalie ! Quoi !

elle qui m'inspirait tant de confiance par ses manières ouvertes, sa franchise...

— Oui, oui, oui, dit Barbe, je vous l'ai dit, toujours dit, qu'il ne fallait pas s'y fier à cette mauvaise pièce, à cette coquette... Je voyais bien ses manéges, tandis que Célestine, elle, est une brave enfant...

Célestine se leva précipitamment, et le cœur gros, la voix tremblante. elle s'écria :

— Quoi! Madame, vous m'auriez soupçonnée !

Madame de Tuzelle la regarda en face, et tout-à-coup, comme si un voile se fût déchiré, elle lut sur cet honnête visage et au fond de cette âme droite:

— Pardon, Célestine, dit-elle avec beaucoup de douceur; j'étais préoccupée depuis longtemps ; différents objets de toilette, des bijoux, de l'argent même disparaissaient sans que je puisse me rendre compte de ces pertes; je cherchais, je soupçonnais, et vous-même, ma pauvre fille, n'étiez pas à l'abri de mes soupçons.

— Vous ne chercherez plus maintenant,

dit Barbe, la vraie voleuse est toute trouvée : Nathalie aimait bien trop les beaux affiquets pour rester honnête ; j'aurais mis la main au feu que c'était elle ; ses atours et ses détours ne m'allaient pas, je vous l'ai dit, madame.

— C'est vrai, répondit madame de Tuzelle avec un sourire ; mais il faut consulter monsieur de Tuzelle sur tout ceci.

M. de Tuzelle consulté, le commissaire de police fut mandé, et en présence de toute la famille, sous les yeux de Nathalie, pâle, éperdue, on visita sa chambre et on ouvrit sa malle. Un repaire de brigands n'eût pas recélé plus d'objets divers, produits du vol et de la fraude, mais tous ces objets appartenaient à la toilette féminine. Madame de Tuzelle y reconnut du linge, des jupons brodés, des bouts de dentelles, des aunages de ruban égarés depuis longtemps ; ses filles y découvrirent l'une une veste de cachemire, l'autre des boutons de manche qui leur avaient appartenu, et enfin, bien au fond, cachées sous un rempart de robes, la main habile d'un agent de police amena au jour les boucles d'oreille en topaze que madame de Tuzelle avait vainement cherchées, et plusieurs bijoux, un flacon, des bagues, une épingle qui provenaient probablement de vols antérieurs. Atterrée, la coupable fille se jeta à genoux, remplissant la maison de ses clameurs, mais quoique les jeunes filles fussent émues, quoique Célestine pleurât tout haut, la justice demeura inflexible, et Nathalie fut emmenée en prison sous les yeux d'une foule amassée sur le palier et qui l'accompagnait de ses amères moqueries.

Madame de Tuzelle avait suivi tristement des yeux ce lamentable cortége, et se tournant vers son mari, elle dit avec le scrupule d'une âme délicate :

— Je n'avais pas assez veillé sur elle, je ne l'avais pas bien dirigée peut-être : je ferai mieux à l'avenir...

— Vous l'avez échappée belle, ma pauvre Célestine, dit Barbe à la femme de chambre; amie d'une voleuse, on aurait pu vous confondre avec elle, vous savez : *Dis-moi qui tu hantes...* et puis, qui sait ? Elle espérait peut-être que tous les soupçons se seraient portés sur vous, qui ne quittez guère les appartements de Madame...

— Quelle leçon ! s'écria Célestine en essuyant ses yeux. Pauvre, pauvre Nathalie !

— Plus de toilette maintenant, continua l'implacable Barbe ; des sabots, une robe grise et un béguin, voilà les modes de la maison centrale, avec un tablier de toile à voile par-dessus le marché. Le cœur me saigne quand un pauvre vole pour avoir du pain, mais une voleuse de boucles d'oreille et de rubans, je la remettrais moi-même aux mains des gendarmes !

L'espèce d'injustice que madame de Tuzelle avait commise envers Célestine eut sa réaction habituelle chez les belles âmes ; elle donna à la jeune fille de nouveaux témoignages de confiance et de bonté, et lui montra une amitié d'autant plus profitable, qu'elle était accompagnée de conseils excellents. Célestine était bonne, elle devint meilleure ; sa piété s'accrut, son caractère se perfectionna, et sous l'influence de ces bons avis, elle devint plus appliquée à tous ses devoirs, plus affectueuse envers sa famille et elle contracta des habitudes d'économie et de simplicité qui honoraient le présent et assuraient l'avenir. Madame de Tuzelle et ses filles la chérissaient tendrement et s'intéressaient à tout ce qui la touchait; aussi eurent-elles une vraie joie en apprenant qu'Hélène Morand, si distinguée par sa conduite et sa vertu, épousait un commis-associé de la maison où elle était employée comme caissière. Ce mariage replaçait la jeune fille dans le rang honorable et modeste où elle était née; il lui assurait par le travail, une aisance qu'elle préférait aux richesses, source des maux de sa famille. En apprenant son mariage à Célestine, elle lui apprit en même temps que M. Morand avait trouvé, après de longs tâtonnements, une place lucrative à Belfast, et que sa mère allait se réunir à lui.

— Dieu a été bien bon pour nous, dit-elle en finissant; qu'il nous accorde, à mon mari et à moi, la grâce de le servir toujours!

On dit que Célestine va épouser le premier garçon de magasin d'Hélène ; je ne sais si c'est vrai, mais ce qui est certain, c'est que ses enfants (si elle en a) seront nourris dans l'amour de la simplicité, et qu'elle leur apprendra à aimer leur âme afin qu'ils ne chérissent pas trop follement leur corps.

JULIETTE SÉVERIN

I.

LE MOIS DE MARIE

Qui connaît Dunkerque connaît aussi la chapelle de Notre-Dame-des-Dunes, élevée entre la ville et les sables. Elle n'a rien de remarquable, cette petite chapelle, ce n'est ni une œuvre d'art, ni une relique du passé, et pourtant elle plaît, elle attire, elle émeut, elle est belle de cette véritable poésie, qui est au fond des choses et non dans leur forme; qu'on trouve dans les idées plutôt que dans l'expression. Une vierge noire, plus ancienne que la chapelle, domine l'autel; sa robe de soie bleue, qui l'enveloppe comme une gaîne, est constellée d'offrandes, de cœurs d'or et d'argent, de chaînes de jaseron, de croix d'or et de perles, que les femmes des marins ont détachées de leur cou, pour les donner à la Vierge-Mère, le jour où leur mari est rentré heureusement au port. Devant l'autel, se balancent des miniatures de frégates, habilement gréées; aux murailles sont suspendus des tableaux qui, presque tous, représentent des scènes de mer: les vagues montent, le ciel est noir, le bâtiment en péril, mais l'Astre tutélaire apparaît, et le navire échappe au naufrage.

A toute heure du jour, on trouve, dans la chapelle, de pauvres femmes agenouillées: ce sont des femmes ou des filles de pêcheurs, la barque est en mer, prions pour qu'elle revienne! Peut-être le père ou le mari est-il plus loin: il pêche la morue à Terre-Neuve, ou il a passé l'Équateur... prions pour qu'il revoie le phare de Dunkerque et qu'il vienne accomplir un vœu à la petite chapelle.... C'est là ce qu'elles disent tout bas à la Vierge, c'est là ce que disent aussi les cierges allumés devant l'image, et qui, au moindre coup de vent, tremblent comme un cœur alarmé.

Placée ainsi, près des dunes sauvages, et de la mer mugissante, animée à toute heure par des voix qui prient, la chapelle de Notre-Dame a une poésie austère et touchante à laquelle nul n'échappe; la faiblesse et le malheur s'y réfugient comme en un lieu d'asile où la Reine du ciel les accueille et les défend.

Il y dix ou douze ans, on faisait le mois de Marie à la chapelle des marins, et depuis le portail jusqu'au sanctuaire, se pressaient les vareuses bleues et les habits noirs, les grosses jupes rouges et les robes de soie: tout le monde était recueilli; et la voix qui chantait les Litanies de la sainte Vierge, n'était couverte par aucun bruit étranger. C'était une voix de jeune fille; elle chantait sans art, sans méthode, sans la moindre fioriture, et elle accentuait simplement les appellations suppliantes et si belles que l'Église place sur les lèvres de ses enfants: *Mater amabilis! Mater admirabilis! Virgo prudens! Virgo fidelis! Causa nostræ lætitiæ! Rosa mystica!*

Turris Davidica ! Refugium peccatorum ! Salus infirmorum ! Regina Angelorum ! Et le chœur répondait sur un mode uniforme : *Ora pro nobis ! Ora pro nobis !*

La voix de cette enfant était singulièrement belle ; elle chantait sans effort, comme les oiseaux dans les bois, et ne paraissait avoir d'autre souci que de s'acquitter le mieux possible de la tâche pieuse qu'elle avait acceptée. Debout, à la tribune de l'orgue, les mains jointes, les yeux levés sur l'autel, elle ne ressemblait ni à une sainte Cécile inspirée, ni à une cantatrice de théâtre : c'était tout simplement une brave enfant qui faisait joyeusement son devoir. Après le salut, elle chanta encore le *solo* du cantique si connu et si populaire :

Souvenez-vous, ô tendre Mère !

Sa voix, fraîche et pure, ne semblait pas fatiguée, et elle soutint le chant jusqu'à la dernière note. Sous le portail, quand elle sortit, la foule qui s'écoulait s'écarta pour lui faire place; elle passait accompagnée d'un homme d'un âge mûr qui paraissait tout heureux et qui rendait, d'un air satisfait et glorieux, leurs saluts à ses amis. Le vent de mer fraîchissait, l'enfant s'enveloppa dans son manteau de drap noir, en releva le capuchon sur sa tête, et trottant d'un pas léger à côté de son père, regagna par les bassins la maison située au quartier de la Citadelle.

Cette maison semblait des plus modestes, mais c'était l'écrin d'un joyau rare et qui n'habite guère dans les palais : le bonheur. L'humble demeure avait une physionomie heureuse : derrière les fenêtres garnies de rideaux d'une blancheur éclatante, on admirait, en toute saison, des fleurs variées ; l'hiver, des narcisses et des crocus ; au printemps, des giroflées et des violettes ; des roses, l'été ; en automne, des chysanthèmes ; et un oiseau des champs, civilisé à force de bons procédés, chantait dans sa cage au milieu de cette verdure. Quand la porte s'ouvrait, on voyait un corridor dallé de carreaux rouges lavés et sablés ; les cuivres de la cuisine reluisaient au fond, et on distinguait à travers une porte vitrée, la tonnelle de sureaux et de clématite d'un petit jardin. C'était un ensemble riant et calme, et qui ne trompait pas : la famille Séverin, qui habitait là, était heureuse entre toutes, quoiqu'elle ne fût ni riche ni brillante, mais Dieu, qui revêt de splendeurs les lis des vallées, donne aussi la félicité aux pauvres et d'ineffables joies à ceux qui n'ont ici-bas d'autre appui que sa divine Providence. C'était à peu près le lot de la famille Séverin qui, selon l'expression de nos aïeux, n'avait ni bien ni chevance, et qui cependant, dormait tranquille sur l'oreiller du travail et de l'abandon à Dieu.

Le père, Éloi Séverin, était expéditionnaire à la mairie de Dunkerque, humble emploi aux petits appointements, qui ne faisait pas sortir celui qui l'exerçait des rangs laborieux du peuple ; mais le salaire, si médiocre qu'il fût, suffisait à des besoins modérés par la raison et par l'habitude, et Jeanne Séverin trouvait moyen, avec les chiffres peu formidables de ce modeste budget, de donner à

son mari et à sa fille, sécurité et bien-être;
et de les entourer même d'une certaine élégance, dont la propreté, les fleurs, et les oiseaux faisaient tous les frais. Dire que la
femme est l'*ange du foyer*, est une expression devenue tout à fait vulgaire, je dirais
plus volontiers que Jeanne était le foyer lui-
même, car de son esprit lumineux et de son
cœur aimant rayonnaient autour d'elle la
clarté, la chaleur et la joie. Ce n'était cependant qu'une bonne femme, ignorante en
fait de lettres et de sciences, mais instruite
des vérités de la foi, formée par la réflexion,
soutenue par les vertus chrétiennes, et dévouée de toutes les forces de son âme à Dieu,
à son mari et à sa fille. Le mari était, lui, un
honnête homme, une âme bonne et franche,
que l'épouse guidait avec une douce main,
vers le paradis. Tout seul, qui sait? il n'y
serait peut-être pas allé en droite ligne, car
il était un peu léger, un peu enclin à la vanité, sinon pour lui, du moins pour sa
fille; il n'aimait pas à voir le côté sérieux
des choses, et sans la sagesse de sa femme,

il eût quitté vingt fois l'honnête état qui le faisait vivre, pour se jeter dans les spéculations hasardeuses qui s'agitaient autour de lui. Mais Jeanne le retenait, le calmait, le raisonnait et le rendait si heureux qu'il ne songeait à changer de position, jusqu'à ce qu'un nouveau projet vînt chanter à son oreille sa décevante musique.

Le temps passait ainsi, tout restait en règle, et l'enfant, Juliette, grandissait, et, de sa douce présence, remplissait la maison. Elle était élevée comme les enfants des pauvres, chez les bonnes Sœurs, qui l'aimaient et la traitaient en enfant chérie ; sa petite éducation s'achevait moitié à l'école, où elle apprenait le catéchisme, la lecture, l'écriture et le chant, moitié sous les yeux de sa mère, qui lui enseignait le ménage. Dans la semaine, chacun était à son emploi, Éloi Séverin, dans les bureaux de la Mairie, sa bonne femme chez elle, parcourant les sentiers de sa maison, Juliette en classe, ou assidue à la couture auprès de sa mère ; mais le dimanche après la messe et les offices, ils jouissaient délicieusement de leur repos. Quelquefois, ils demeuraient dans leur jardin, ils y recevaient quelques parents et quelques vieux amis ; ou ils faisaient le tour du port, en revenant par la chapelle des Dunes, ou bien encore, ils se promenaient sur la grève, regardant sans se lasser, ce grand spectacle de la mer, toujours nouveau pour qui sait observer. Voir se coucher le soleil sur l'Océan, et revenir à la chapelle, afin d'y recevoir la bénédiction du Saint-Sacrement, était un de leurs plaisirs habituels, plaisir dont bien des riches auraient pu envier la grandeur et la magnificence. Jeanne Séverin ne désirait rien de plus. Les biens de la nature et ceux de la foi remplissaient son âme qui s'élargissait même pour les recevoir, et elle s'efforçait de faire comprendre à sa Juliette que le bonheur était là, dans la petite maison, sous les sureaux, sur les dunes solitaires, et au fond de l'église où l'on n'est jamais seul.

L'enfant avait quatorze ans, et depuis une année les Sœurs, émerveillées de sa voix si pure et si touchante, lui avaient appris un peu de musique et l'employaient à chanter des cantiques à la sainte Vierge; Juliette s'acquittait volontiers de cet emploi pieux; son père était ravi d'aise en entendant, en voyant sa fille jouer un si beau rôle parmi ses compagnes; Jeanne Séverin seule n'applaudissait pas à ses succès, et elle disait parfois :

— J'aimerais tout autant que les Sœurs ne fissent pas sortir ma petite Juliette de sa tranquillité. Sa voix me plaisait davantage, quand elle chantait simplement, et sans connaître une note, les airs du *Rosen-Houd*, ou les cantiques des dentellières [1]. Elle n'est plus occupée que de sa musique, maintenant !

1. Le *Rosen-Houd* ou chapeau de roses se suspend de temps immémorial dans les rues de Dunkerque les jours de fêtes, et les enfants se placent au-dessous et dansent des rondes en chantant des airs très-antiques. Les écoles de dentellières avaient conservé jusqu'à nos jours la tradition des anciens cantiques flamands, fort beaux de style et de naïveté. (Voir *Chansons des Flamands de France*, recueillies par Ed. de Coussemacker.)

II.

UNE DISCUSSION.

Quand, après le salut, le père et la fille rentrèrent chez eux, ils furent tendrement accueillis par Jeanne, qui mettait la dernière main au souper.

— Qu'elle a donc bien chanté! s'écria Séverin. J'avais regret, ma femme, que tu ne fusses pas là!

— J'étais en voix! dit Juliette, avec un petit air d'artiste.

— Tant mieux, ma fille, mais maintenant, il faut souper, il est tard: le feu est allumé au phare.

Ils s'assirent et le souper, composé d'une salade de crevettes et de pommes de terre bouillies, fut gaiement servi et gaiement mangé, et quand le repas fut fini, la famille se groupa auprès d'une fenêtre qu'ombrageait un chèvre-feuille en fleurs. Jeanne prit son tricot, pour profiter des lueurs mourantes du jour; Séverin bourra lentement sa pipe, puis attirant sa fille à lui, il l'embrassa sur le front et lui dit:

— Va courir au jardin, va t'amuser un peu...

L'enfant lança à son père un regard d'intelligence et sortit en sautant.

On la vit tourner dans les étroites allées, détachant de leurs tiges les roses flétries, cueillant, par ci par là, quelques fleurettes, et levant les yeux, comme pour deviner ce que ses parents pouvaient se dire. Jeanne écoutait avec une physionomie sérieuse son mari qui parlait:

— Vois-tu, ma femme, disait-il, je crois que tu te trompes, toi qui es si sage d'ordinaire. Tu t'effraies trop vite à tout ce qui te fait sortir de tes idées.

— Je suis un peu poltronne, répondit-elle

avec un faible sourire, je le confesse. Nous sommes si heureux, pourquoi changer?

— Est-ce changer que de faire donner quelques leçons de musique à Juliette, de perfectionner en elle ce que Dieu y a mis? Tout le monde m'assure qu'elle est née musicienne et qu'il ne lui manque qu'un peu de méthode.

— Eh! Seigneur! qu'en fera-t-elle de cette méthode? Des gens comme nous ont-ils besoin de savoir chanter au piano comme les belles dames et de lire les notes, comme je lis mon livre de messe!

— Des gens comme nous! Ne dirait-on pas que nous sommes les derniers des derniers! Nous avons droit, autant que d'autres, de nous instruire et de nous éclairer.

— Sans doute, dit-elle avec douceur, nous instruire de choses utiles, nous éclairer sur la religion et sur ce qui regarde notre état; nous n'en saurons jamais trop, science ne pèse pas. Mais des choses inutiles, dangereuses!

— Inutiles! dangereuses! la musique! Où prends-tu cela, ma femme?

— Dans l'exemple des autres, répondit-elle. Voilà Nanette, qui autrefois pêchait des crevettes sur l'estran, elle avait une belle voix, que l'air de la mer n'avait pas encore gâtée, et elle est partie avec des saltimbanques pour chanter sur les champs de foire la complainte de Geneviève de Brabant; voilà Mademoiselle Sophie, la fille du marchand de cordages; au lieu de vendre dans la boutique de son père, elle a appris le piano, on dit qu'elle en donne des leçons à Paris, mais les voisins lèvent les épaules, quand ils en parlent! Et chez les grandes dames, on dit qu'il y a bien des fautes causées par cette musique, car c'est un art qui fait naître la vanité; va, mon mari, on ne chante pas pour ses propres oreilles.

— Tout cela est possible, mais qu'arrivera-t-il de mal à notre Juliette, puisque nous serons là pour la garder? Elle désire tant apprendre à bien chanter! Elle me l'a dit tout à l'heure.

— Hélas! tant pis! j'avais tout fait pour qu'elle restât humble et simple!

— Mais elle est toujours simple : elle chantait ce soir sans penser au public, je te l'assure, et cependant tout le monde se retournait et on disait : — Quelle belle voix ! Elle ne songe pas aux compliments ; mais elle m'a expliqué que ne connaissant pas la musique, elle a beaucoup de peine à apprendre les cantiques... ces cantiques qui font si bien au salut de la sainte Vierge !

— Certes, j'aime bien que mon enfant chante les louanges de Marie, mais si le mal doit sortir du bien, et la vanité d'un exercice de piété, il vaudrait mieux qu'elle se tût, qu'elle se tût à toujours !

— Là, là, ma femme, tu te montes ! Mais est-ce la peine, dis-moi, de te fâcher pour quelques leçons qui n'empêcheront pas Juliette de rester une bonne enfant et de devenir une bonne ménagère comme sa mère ?

— Qui m'en répondra ?

— Moi, parbleu ! Tu t'inquiètes à propos de rien ; mais j'ai promis à Juliette qu'elle aurait ses leçons, et elle les aura, et le monde

n'en ira pas plus mal. Je suis son père, enfin !
si tu es sa mère.

En rendant cet oracle, Éloi Séverin alluma
sa pipe et se mit à fumer avec activité.
Jeanne se tut; elle pressentait que sa sagesse
échouerait contre l'obstination de son mari,
et elle voulut ménager ses forces pour une
plus favorable occasion. D'ailleurs, le cœur
de son enfant restait encore entre les mains
maternelles et elle espérait le diriger dans
cette voie modeste et voilée, où elle-même
avait rencontré le bonheur et où tous trouvent
la paix.

III.

A PARIS.

C'était une haute, vaste et triste maison de la rue du Petit-Carreau. Au rez-de-chaussée, un marchand de brosses et de couleurs; au premier, un marchand de soieries en gros; au deuxième, plusieurs ménages d'employés et de rentiers; les mêmes, moins appointés et moins rentés, au troisième; au quatrième, une actrice du Gymnase et un professeur de violoncelle; au cinquième, des ouvriers... des malheureux. Au fond du corridor de ce cinquième étage, s'ouvrait une porte qui donnait entrée dans un logement composé de deux pièces : la première servait de salon, de salle à manger, de cuisine et de chambre à coucher, hélas ! car en ouvrant les deux battants d'une armoire, on voyait un lit qui ne ressemblait aux lits bretons que par la *clôture*, il n'avait ni couëte de plume ni épais matelas, et sa maigreur était à peine dissimulée par un couvre-pied d'indienne brune ; une table, une commode, trois vieilles chaises, un fourneau, un piano encombraient l'espace rétréci de la chambre ; la cheminée n'avait d'autre ornement qu'une statuette en plâtre de Jean Bart, d'après David d'Angers ; et un petit cadre de bois d'érable, renfermant une boucle de cheveux bruns. Au milieu de ces meubles de hasard, étonnés de se trouver ensemble, une jeune fille, en costume très-négligé, s'efforçait de rétablir un peu d'harmonie, elle rangeait, enlevait la poussière et en même temps, veillait à une soupe qui chauffait sur le fourneau.

Quand la toilette de la chambre fut faite, ou à peu près, elle arrangea sur la table un couvert très-modeste, où un morceau de fromage faisait pendant à une carafe d'eau claire, puis passant dans la chambre voisine, aussi pauvrement meublée que la première, la jeune fille s'habilla à la hâte. Pourtant, elle donna des soins à sa chevelure, longue, épaisse, brune avec des reflets d'or qui, au soleil, la faisaient ressembler à un large ruban de moire ; elle la noua, l'arrangea, la fit onduler et tout en se jouant avec cette parure magnifique, elle chantait, d'une voix légère et pure, un air d'opéra, chargé de trilles, de cadences et de roulades. Quand ses cheveux furent relevés, elle mit une robe à carreaux écossais, un mantelet noir et un chapeau de paille, prit un rouleau de musique et sortit lestement. Arrivée au bas de l'escalier, elle remit sa clef à un portier farouche :

— Vous la donnerez à papa, et vous lui direz que je suis allée à la leçon de déclamation.

— Oui, mam'zelle Juliette. Et se tournant vers sa femme, le portier dit à demi-voix :

— Ça va à la leçon de déclamation ! ça ferait mieux de se tricoter des bas !

C'était Juliette, Juliette avec son père,

Juliette sans sa mère. Depuis trois ans, elle était orpheline : une maladie foudroyante avait emporté Jeanne Séverin, et avec elle, la lumière de la maison s'était éteinte. Longtemps, Éloi Séverin était resté accablé sous le coup qui l'avait terrassé ; il sentait en lui comme une impossibilité de vivre, mais, à la fin, la vue de son enfant le ranima et le rattacha à l'existence. Elle avait pleuré sa mère avec une sincérité de douleur profonde et vive, mais la légèreté de l'âge prit le dessus, et bientôt, si ses pleurs coulèrent encore, ce furent des pleurs d'ennui plutôt que de tristesse. La maison était si morne et si sombre dans sa viduité ! La main active qui soignait toute chose, l'œil vigilant qui veillait au bien-être de tous, la douce voix qui avait toujours une parole caressante avaient disparu pour toujours, et Juliette sentait amèrement la privation de ces biens qui jusqu'alors lui avaient rendu la vie riante et facile. Peut-être que si elle fût restée la simple enfant flamande d'autrefois, elle eût essayé de suppléer sa mère, et de faire

sortir, à son exemple, l'aisance du labeur et
la joie de la soumission aux volontés divines;
mais la culture d'un art dangereux est, dans
certaines positions et pour certaines natures,
comme ces autels des démons dont on n'ap-
prochait pas impunément. Le vertige de l'a-
mour-propre et de l'ambition s'était emparé
de Juliette; elle n'aimait plus son humble
condition, si douce pourtant, et dégoûtée du
présent, elle rêvait d'un avenir incertain, et
se voyait en ses songes, cantatrice, grande
dame, enivrée d'hommages, de luxe et de liberté. On lui avait tant redit que, de nos
jours, une belle voix est un trésor que les
grands du monde ne croient pouvoir trop
payer; que la sienne, tout inculte qu'elle fût
encore, renfermait cependant ce charme qui,
au théâtre, captive les multitudes, et qui
ouvre à l'artiste, hier inconnue, une carrière
de triomphe et de splendeurs! Ces paroles,
dites à diverses époques, tombées de diverses
bouches, avaient fait leur chemin dans l'esprit de Juliette; elle n'avait osé exprimer
ce qu'elle pensait pendant la vie de sa mère,

mais quand elle se trouva seule avec son père, enveloppés tous deux dans une mélancolie qui semblait incurable, tristes dans une maison triste, isolés, sans joie ni dans le présent ni dans l'avenir, elle parla; et, peu à peu, laissa voir l'ardent désir qui brûlait dans son âme :

— Que faisons-nous à Dunkerque ? disait-elle souvent; vous, papa, vous y êtes consumé de chagrin; moi, je n'y avancerai jamais : il me faudrait Paris et le Conservatoire, et alors, nous aurions l'avenir pour nous!

— Mais, ma pauvre fille, nous sommes enchaînés ici. Ma place !

— Ah! ce serait un sacrifice à faire... mais dans quelques années, combien je vous dédommagerais! Vous savez bien que tous les musiciens disent que ma voix vaut une fortune : pour la trouver et l'exploiter, cette fortune, il faudrait que je fusse à Paris : ici, on ne peut plus rien m'apprendre.

— Pour donner quelques leçons en ville, qu'as-tu besoin d'en savoir si long? Ta pauvre mère craignait tant cette musique !

. — Maman n'aurait pas aimé, peut-être, que je courusse le cachet.

— Que voudrais-tu donc faire? A quoi ta musique te servirait-elle?

— Mais on peut chanter dans des concerts... avec des dames, de grandes dames quelquefois... On va chanter dans les soirées, chez les gens du grand monde... et on est très-bien rétribué; c'est ma maîtresse de chant qui me l'a dit: elle connaît si bien Paris, elle !

En parlant ainsi, Juliette ne disait pas sa plus secrète pensée, on en a toujours une ! C'était le théâtre qu'elle voyait miroiter devant elle, et, de Paris, elle ne désirait que l'Opéra. Mais peu à peu, la goutte d'eau creusant la pierre, ses discours agirent sur l'esprit de son père, et il en vint à se dire :

— A tout prendre, que désiré-je au monde? la satisfaction de mon enfant. Eh bien ! puisqu'elle met son bonheur à aller à Paris, allons! aussi bien, ne suis-je pas seul partout, depuis que ma Jeanne m'a quitté?...

Il fallut du temps pour arriver à prendre

cette décision, mais Juliette avait la patience
des ambitieux, et elle atteignit son but.
Moitié découragé à force de chagrins, moitié
convaincu par la confiance de sa fille, Éloi
Séverin se décida, malgré les remontrances
de ses amis, à se démettre de son emploi, et
à vendre ses meubles ; et un an après la mort
de Jeanne, le père et la fille, munis de plusieurs lettres de recommandation pour des
négociants, et d'une somme provenant de la
vente du mobilier, partirent pour Paris.
Pendant que la voiture les emportait rapidement, Éloi tournait ses yeux et son cœur
vers la haute tour de Dunkerque, à l'abri de
laquelle il avait vécu heureux et paisible,
tandis que Juliette interrogeait avidement
les horizons nouveaux et semblait demander
Paris à chaque pli du terrain, à chaque détour de la route. Ils arrivèrent enfin. Les
premiers moments furent d'un assez favorable
augure. Juliette fut, après un examen, ad-
mise au Conservatoire ; les lettres de recommandation que d'anciens amis avaient pro-
curées à Éloi Séverin lui firent trouver, après

bien des démarches, un emploi de teneur de livres chez un marchand de métaux, ils louèrent l'appartement que nous avons décrit, le meublèrent avec toute l'économie possible, et s'y logèrent comme sous une tente, un abri passager qui, dans les idées de Juliette, devait être remplacé par un palais. Elle était enchantée; Paris la ravissait, et elle ne parlait plus de Dunkerque, — devenu pour elle *la province*, — qu'avec le mépris que pourrait avoir un beau papillon ouvrant ses ailes d'or, pour la chrysalide flétrie qu'il vient de quitter.

Séverin n'applaudissait pas autant : les magnificences de Paris, monuments, jardins, statues, arcs-de-triomphe, le laissaient indifférent; il leur préférait mille fois la place Jean-Bart, la vieille église Saint-Éloi, le phare, et surtout la grande et sauvage mer. Quand il rentrait dans sa triste chambre, son cœur se gonflait, et alors, alors il pensait à sa maison blanche, au petit jardin, aux soirées sous la tonnelle de sureaux, et à celle qui avait animé, rempli, ennobli son âme et sa vie.

— Elle a tout emporté en s'en allant ! se disait le pauvre homme ; mais si la petite est contente, cela suffit !...

D'autres soins encore le tourmentaient : il gagnait peut-être autant qu'à Dunkerque, et pourtant, il ne parvenait pas, comme on dit vulgairement, à nouer les deux bouts. Il vivait mal, il se privait de tout bien-être, et il voyait avec effroi les dettes qui grandissaient, tandis que les ressources demeuraient stationnaires. Juliette n'avait pas la science du ménage ; sa musique, et ce qu'elle appelait son avenir, l'absorbait tout entière. Elle étudiait le chant, la déclamation, l'harmonie ; elle allait aux cours, elle se promenait avec les compagnes qu'elle y avait rencontrées, et lorsqu'elle rentrait au logis, elle le trouvait affreusement triste et se demandait sur tous les tons quand la fortune rêvée frapperait enfin à la porte. L'amour-propre est le plus exigeant des appétits, et déjà les petits succès qu'elle obtenait dans ses classes, les petits rôles qu'on lui assignait dans les concerts du Conservatoire, ne suffisaient pas

plus à son ambition, que sa vie intérieure ne
suffisait à ses instincts de luxe et de dépense.

Éloi Séverin veillait sur elle autant qu'un
pauvre homme, occupé tout le jour, pouvait
veiller sur quelqu'un : il pouvait empêcher
beaucoup de démarches hazardées, et d'actions
imprudentes, mais il ne pouvait empêcher
les conversations de Juliette avec d'autres
jeunes filles, plus avancées qu'elle dans une
science funeste ; il ne pouvait empêcher cette
camaraderie des écoles, plus dangereuse,
peut-être, que les sentiments les plus pas-
sionnés du cœur ; il ne pouvait empêcher que,
dans Paris, tout ne fût péril et séduction pour
une enfant pauvre, et dont l'âme renfermait
tant de désirs : — séduction des yeux par
les magnificences étalées aux vitrages des
magasins ; — séduction de l'oreille par les
mauvais discours, les railleries sans pudeur ;
— séduction de l'esprit et du cœur par la contagion des mauvais exemples. La vertu, c'était
ces sombres mansardes, ce père en proie à une
incurable mélancolie, cette longue attente
d'un avenir incertain ! Le vice, c'était la vie

dorée, facile, les plaisirs à pleine coupe, et, dans le monde où elle se trouvait, l'austère vertu n'attirait pas plus l'éloge que le blâme n'atteignait le vice éhonté.

Les mauvais discours corrompent les bonnes mœurs, vieux proverbe qui s'appliquait trop bien à Juliette. Son enfance avait été pieuse et candide; l'innocence avait honoré les premières années de sa jeunesse; elle était arrivée à Paris pure encore, mais nourrissant déjà dans son cœur, comme un ver dans le fruit, la curiosité et la vanité, hôtes perfides qui la trahirent. Elle écouta avec avidité tout ce que les jeunes filles, enfiévrées d'art et d'amour-propre, lui racontaient sur le sort de ces brillantes cantatrices, de ces tragédiennes, qui voient ruisseler à leurs pieds l'or et les fleurs, et son orgueil lui disait : — Tu seras comme elles un jour !

Les dangers la pressaient de toutes parts : ennui de la pauvreté et de la solitude, ardentes aspirations vers l'avenir, relations éloignées et prochaines; en elle, hors d'elle, tout conspirait à sa perte.

IV.

ARABELLE.

— Elle ne vient pas! se disait Éloi Séverin
en arpentant avec impatience sa triste
chambre. Elle ne vient pas, et voilà le soir!
il est neuf heures!

Il était vieilli, et ses forces avaient décliné
comme sa fortune. Le temps et le chagrin,
deux terribles magiciens, avaient converti
l'or un peu fauve de ses cheveux en argent,
et labouré de rides profondes son front où se
peignaient, autrefois, le repos de l'âme et la
joie. Le costume du pauvre homme semblait
négligé; l'aiguille industrieuse qui réparait,
raccommodait naguère toile et drap, s'était

brisée pour toujours; les yeux vigilants et affectueux qui inspectaient jadis sa toilette, étaient fermés à jamais, et il vivait dans l'abandon, comme dans la tristesse du veuvage. A cette peine déjà si vive, envoyée par Dieu, aux soucis d'une position gênée, se mêlait une inquiétude que chaque jour rendait plus profonde; l'air de Paris, si souvent malsain aux jeunes âmes, avait pénétré Juliette de ses influences délétères; elle abandonnait la maison, elle ne paraissait jamais rassasiée de ces spectacles gratuits que l'on rencontre dans les rues, et elle avait surtout, en dépit des avertissements de son père, noué une relation étroite avec l'actrice qui habitait la même maison. Éloi Séverin ne savait pas grand chose des mœurs des gens du théâtre, mais ce qu'il avait recueilli sur leur compte dans sa ville de province, les lui rendait justement suspectes, et l'extérieur, les allures, le langage de Mademoiselle Arabelle, sa voisine, n'étaient pas faits pour le rassurer. Il roulait dans sa tête l'image de ces dangers qui environnaient son enfant, il se demandait comment les conjurer, et il en revenait sans cesse à cette pensée, fond noir sur lequel roulait dorénavant sa vie :

— Si ma pauvre femme vivait, tout irait mieux ! et il levait alors les yeux vers le Jean-Bart et vers la boucle de cheveux, seules images qui, dans ce grand Paris, lui parlassent de la patrie et de la femme absentes, perdues toutes deux. Personne ne se doutait, pas même Juliette, la jeunesse est si insoucieuse ! de ce qu'il y avait de douleur et de regrets, dans l'âme d'Éloi Séverin.

Neuf heures avaient sonné ; dix heures sonnèrent aussi, puis la demie, et Juliette n'était pas rentrée. Le calme se faisait dans la rue du Petit-Carreau ; les voitures n'ébranlaient plus le pavé qu'à de longs intervalles, et Séverin put entendre, montant de l'étage inférieur, le son du piano qui jouait une très-jolie mazurke.

— C'est chez Arabelle ! s'écria-t-il, je gagerais que l'enfant est là ! Et sans hésiter, il prit son chapeau, boutonna son habit, et descendit impétueusement l'escalier.

Un instant après, il entrait dans le salon de Mademoiselle Arabelle, et au milieu des groupes qui dansaient, jouaient, causaient, il ne vit qu'une personne et alla directement vers elle. C'était Juliette, Juliette qui dansait la mazurke, et qui, vêtue d'une robe blanche, et coiffée avec des nœuds ponceau, paraissait en beauté et en succès.

— Viens! lui dit une voix grave, il faut rentrer! et un bras la tira doucement, mais fortement, et l'enleva à l'étreinte de son danseur.

Juliette rougit jusqu'aux tempes, et la compagnie partit d'un éclat de rire qu'excitaient la tournure, l'accent flamand et la physionomie émue du père offensé.

— Je trouve assez étonnant que vous osiez chez moi!... s'écria Mademoiselle Arabelle, en s'approchant d'un air majestueux.

Mais Éloi, sans l'écouter et peut-être sans la voir, l'écarta doucement en entraînant sa fille, qui n'osait résister, et en une minute, la porte fut franchie. Ils entendirent un dernier éclat de rire qui les accompagna jusque chez eux.

— Que faisais-tu là? qui t'avait permis d'aller chez cette comédienne, malheureuse enfant? dit le père à sa fille, qui, rouge, les yeux baissés, paraissait en proie à une colère mêlée de confusion. Qu'est-ce que ces oripeaux? où les as-tu pris? continua-t-il en touchant la robe blanche, relevée par des nœuds.

— C'est ma robe, dit-elle d'un ton boudeur.

— La robe que tu portais à la procession de Notre-Dame! ah! Juliette!

Elle baissa la tête... Peut-être le souvenir de ses jeunes années et de la procession qui suivait les bords de la mer et où elle marchait, si contente et si recueillie, lui apparut-il en ce moment.

— Tu savais donc, continua le père avec une émotion pleine de colère et de chagrin; tu savais donc que cette fille de théâtre donnait une soirée?

— Elle me l'avait dit.

— Et tu t'es cachée de moi pour t'habiller et y aller, n'est-il pas vrai ?

— Je savais bien que vous ne me l'auriez pas permis, répondit-elle en levant la tête avec une certaine arrogance.

— Non, certes, et si ta mère te voyait, ta pauvre mère ! elle était l'honneur même, et jamais une créature comme Mademoiselle Arabelle n'aurait osé lever les yeux sur elle. Tout le monde à Dunkerque la respectait, quoiqu'elle ne fût pas riche, et si elle te voyait fréquenter de pareilles compagnies, parée comme une baladine, elle te renierait pour sa fille ? Qu'ai-je fait en t'amenant ici ! pourquoi le bon Dieu m'a-t-il pris ma femme !

Éloi Séverin ne put achever ces mots, ils se perdirent dans des sanglots, car le souvenir de sa femme ouvrait toujours, au fond de son âme, la source amère des larmes. Juliette fut émue en voyant pleurer son père, et, sans rien dire, elle ôta doucement ses nœuds et vint s'asseoir auprès de lui.

— Je ne veux pas vous faire de peine : pardon, papa ! dit-elle enfin, je ne pensais pas faire un grand mal; toutes mes compagnes du Conservatoire vont chez des actrices qui les protégent.

— Tu te ferais protéger par une Arabelle! répondit-il avec violence, plutôt crever de faim et de soif!... Mais j'ai tort de me mettre en colère, tu ne sais pas les dangers que tu cours, ni le mal que tu fais... Écoute, Juliette, j'ai cédé à tes volontés; j'ai quitté notre ville, je t'ai fait entrer au Conservatoire; mais tu te rappelles que toujours je t'ai répété, qu'à aucun prix, de mon aveu, tu n'entrerais au théâtre. La musique sera ton gagne-pain, mais en donnant des leçons ou en chantant dans les concerts; te souviens-tu de nos conditions?

— Oui, papa.

— Eh bien, alors, qu'as-tu besoin de cette comédienne? Reste chez toi, étudie, perfectionne-toi dans ton art; sois honnête fille et ne recherche pas des gens qui ne veulent que ta perte.

— Mais, papa, notre maison est si triste! j'allais là pour m'amuser un peu...

6.

Ce mot alla au cœur de Séverin, car quel est le cœur de père qu'une plainte d'enfant a trouvé insensible! Il jeta les yeux autour de lui comme pour se convaincre de la tristesse dont Juliette se plaignait, et il soupira :

— Oui, c'est vrai, continua-t-il, notre maison de Dunkerque était un paradis en comparaison de cette chambre; mais que veux-tu, Juliette? c'est un temps d'apprentissage et de patience, cela passera. Dans quelques années, tu gagneras un peu d'argent, j'aurai peut être une place plus lucrative et nous serons mieux... Mais si tu perds ta bonne réputation, ma fille, rien n'ira jamais, eussions-nous autant d'argent chez nous qu'il en entre chez le premier négociant de Dunkerque. Pense à cela, Juliette! L'honneur perdu, tout est perdu! Veux-tu être sage, ma petite, dis, pour consoler ton pauvre père sur la terre et réjouir ta sainte mère qui prie pour toi dans le ciel?

En achevant ces mots, il prit, tout ému, Juliette sur ses genoux et l'embrassa tendrement. Elle pleurait : l'honneur et les souvenirs du passé n'avaient pas été invoqués en vain.

— Tu seras content, papa, dit-elle en baisant le front fatigué de son père ; et quand je serai tout-à-fait bonne musicienne, nous retournerons à Dunkerque, je donnerai des leçons, des concerts, j'ouvrirai un cours de chant, et nous pourrons peut-être racheter notre maison d'autrefois !

— Oh ! il ferait bon de vivre et de mourir là !

Le père et la fille se couchèrent réconciliés et plus unis qu'auparavant. Pendant quelques jours Juliette parut prendre au sérieux ses devoirs ; la maison fut bien rangée, le linge raccommodé, Juliette attendait son père et sortait avec lui, le soir : ou bien elle étudiait sérieusement son piano et elle paraissait rattacher tout son avenir à l'art qu'elle avait préféré. Elle l'avait bien un peu négligé, cet art, au nom duquel elle avait demandé à son père tant de sacrifices ; d'autres perspectives, d'un abord plus facile, avaient chatoyé à ses yeux, et la musique, comme tous les arts, comme toutes les sciences, s'était vengée de l'infidèle en se rendant moins accessible. A' son arrivée à Paris, Juliette avait excité, parmi ses professeurs, un certain étonnement admiratif; la petite Flamande promettait une cantatrice inspirée : elle avait la voix, cette harpe humaine qui fait palpiter les foules, le sentiment dramatique, l'instinct du beau, l'intelligence et la grâce. La première année confirma ces prévisions; mais, durant la seconde, Juliette ne travailla point, sa volonté cessa de seconder ses dons naturels, et ceux qui avaient compté sur elle se dirent :

— Encore une étoile qui file et qui disparaît!

Elle se remit, cependant, au travail, mais déjà il était trop tard pour obtenir ces succès dont la jeunesse est avide, et la distribution des prix du Conservatoire arriva, sans que le nom de Juliette Séverin fût proclamé.

Quelques jours après, l'enfant revenait de faire une commission, lorsque, sur le trottoir, elle se trouva face à face avec Arabelle. Elle allait passer en comptant les pavés; mais l'actrice ne l'entendait pas ainsi, et elle l'arrêta :

— Eh bien! petite, avouez que je suis bonne de n'en pas vouloir à votre père de la sotte algarade qu'il est venu faire chez moi. Quelle mouche l'avait piqué?

— Papa veut que je sois rentrée de bonne heure, répondit Juliette avec embarras.

— Ah! ah! si nous n'avons pas eu le premier prix de chant ou de déclamation au Conservatoire, si nous n'avons pas reçu la couronne des mains d'une princesse quelconque, nous aurons au moins le premier prix de sagesse, décerné aux bonnes petites filles : fiche de consolation, Juliette!

— Vous savez, mademoiselle?...

—Oui, ma petite, je sais que vous êtes fruit sec, comme on dit, et que ni M. Ponchard, ni M. Sanson ne sont contents de vous. C'est la petite Anna qui vous a damé le pion, il paraît?

— Il y a tant d'injustices dans les classes! s'écria Juliette en s'échauffant. Si vous saviez, mademoiselle, c'était Berthe qui aurait dû avoir le premier prix, et moi le second; toutes les élèves le disaient, d'abord...

— Je connais ça, j'ai passé par là, dit Arabelle d'un ton de supériorité; telle que vous me voyez, j'aurais dû avoir le premier prix de comédie; j'aurais joué *Célimène*, il y avait là une coquine d'Athénaïs qui me l'a soufflé, mon prix! Et je joue les rôles de soubrette, dans les pièces de M. Scribe! Ah! on ne peut pas compter sur le Conservatoire pour se faire un avenir!

— C'est bien vrai, et cependant, j'aurais grand besoin de gagner de l'argent!

— Si vous comptez sur les lauriers du Conservatoire pour vivre, ma petite, vous courez risque de mourir de faim. Aussi la plupart de vos compagnes se pourvoient-elles ailleurs... Voyez Bathilde et Mélanie, et la petite Rosine, qui joue les premiers rôles à Castelnaudary...

—Mais, mademoiselle Arabelle, tant qu'on est élève du Conservatoire, on ne peut pas prendre d'engagement au théâtre : le règlement est exprès.

— On se moque du règlement! *La fama! la fama!* dit l'italien : autrement dit : La faim fait sortir le loup du bois, c'est-à-dire du Conservatoire.

— Et puis, mon père ne veut pas que je prenne d'engagement au théâtre.

— Brave homme, vrai père noble! j'aurais dû m'en douter, l'autre jour, quand il s'est jeté dans mon salon, comme un ogre, en emportant la petite Aurore, pour la manger à la sauce Robert, sans doute. C'est égal, petite, si un jour la misère vous fait froid, si vous vous ennuyez, si vous désirez courir un peu le monde, pensez à Arabelle, je ne vous dis que ça... Au revoir, je me sauve de peur de l'ogre...

Elle partit d'un pas léger, et Juliette revint chez elle, pensive.

V.

LE BILLET

Elle avait près de vingt ans, elle était pauvre, elle était belle. Son cœur n'était pas pervers; les eaux du christianisme dont il avait été pénétré dès l'enfance, y avaient laissé, même en se retirant, un parfum caché; si sa mère eût vécu, si elle fût restée à l'ombre protectrice du clocher natal, jamais les mauvais désirs n'auraient corrompu son âme; mais Paris, mais l'abîme qui fascine, mais la misère aux mauvais conseils, mais tous les auxiliaires que l'esprit des ténèbres recrute au sein des grandes villes, combattaient en Juliette de généreux instincts, fécondés par une éducation chrétienne. La pauvreté, surtout, fut la tentatrice de toutes les heures : les appointements d'Éloi Séverin suffisaient strictement aux plus étroites nécessités de la vie. Il avait, par des prodiges d'économie, réussi à payer des dettes contractées durant les premiers temps de son séjour à Paris, mais il ne pouvait, quelle que fût sa bonne volonté, procurer à sa fille le plus léger superflu. Elle chercha, mais en vain, des leçons à donner. La triste demeure, les sobres repas, le calcul appliqué à tous les besoins de l'existence, lui eussent paru supportables si sa vanité féminine avait eu quelque ombre de satisfaction; mais sa toilette dénonçait hautement la gêne où elle vivait, et c'était bien en vain qu'elle employait des prodiges d'industrie à réparer des robes et des chapeaux, elle ne parvenait pas à en déguiser la vétusté aux yeux moqueurs de ses compagnes. La moquerie des femmes! écueil plus dangereux pour la vertu que les intrigues des Lovelace et des don Juan! Il y eut surtout un certain châle à carreaux écossais, qui avait vu déjà nombre d'hivers et qui ne put obtenir ses invalides;

pauvre châle! sous lequel Juliette frissonnait, dont l'étoffe usée, limée, amincie, défiait l'aiguille; et qui, chaque jour, servait de thème aux quolibets et aux calembours qui naissent si vite sur les lèvres des petites Parisiennes; ce châle la désespérait, et Séverin avait déclaré qu'il ne pouvait le remplacer, car il fallait payer la location du piano, indispensable aux études de la jeune fille. Qui sait combien de larmes ce vêtement disgracié coûta à Juliette! combien, en s'en enveloppant, elle redoutait les lazzis dont sa pauvreté allait encore être l'objet! Qui sait de quel poids une moquerie pèse pour déterminer la chûte d'une âme! et de quels traits vengeurs Dieu punira un jour la parole amère qui a perverti un être créé pour le ciel!...

L'hiver, cet hiver si rude à passer aux pauvres gens, n'était pas fini, que déjà la constance de la pauvre Juliette avait succombé. Un soir, en rentrant, Éloi Séverin trouva la chambre vide et le foyer éteint : sur la table était placée une lettre; il l'ouvrit, les mains tremblantes, et lut avec des yeux que les pleurs obscurcissaient à chaque instant :

« Mon cher père,

« Je vous prie de me pardonner si je vous ai désobéi, mais il m'était impossible de continuer la triste vie de privations que nous menons depuis trois ans. J'ai accepté un engagement au théâtre, je pourrai vivre, et j'espère, dans quelques annés, quand ma réputation sera faite, que je pourrai vous aider. C'était le seul moyen de sortir d'affaire, car en courant le cachet, on court souvent risque de mourir de faim.

« Je ne vous dis pas où je vais, parce que je sais que le théâtre n'est pas dans vos idées. Vous changerez d'avis là-dessus, j'espère, et vous me pardonnerez, mon cher papa; c'est le besoin de vivre qui me force à vous quitter. Je reviendrai, et nous serons contents.

« Croyez-moi toujours,

« Votre fille respectueuse,

« JULIETTE SÉVERIN. »

Quand, à la fin de l'automne, aux environs du jour des Morts, le vent du nord se lève et souffle à grandes haleines sur les bois, les feuilles qui sont restées sur l'arbre et donnent à la campagne sa dernière parure, se détachent, s'envolent, tourbillonnent dans l'air comme des oiseaux qui ont perdu leur route, et tombent sur la terre, où les pluies de l'hiver et les pieds des passants les détruisent sans retour. L'arbre reste nu, bientôt la neige le couvre et le fait ressembler à un grand fantôme, immobile et glacé au milieu des champs. Cette comparaison peut faire comprendre ce qui se passa dans l'âme d'Éloi, lorsqu'il eut lu le billet de sa fille, et qu'il eut vu la chambre déserte et vide de tout ce qui qui avait appartenu à Juliette. C'en était fait. La perte de sa femme lui avait ôté les joies de la vie, mais l'abandon de l'enfant lui enlevait les derniers motifs de vivre; il restait seul, dépouillé, glacé, et son cœur semblait mort dans sa poitrine comme la sève de l'arbre semble glacée sous les souffles du vent d'hiver. Dès ce moment, un complet changement se fit dans ses habitudes ; il devint incapable de travail, la plume restait immobile dans sa main, les erreurs se multipliaient dans ses calculs, il ne remplissait plus son devoir de commis avec l'innocente vanité qui, jadis, le lui faisait mener presque à la perfection : rêveur, distrait, inexact, perdu dans des pensées sombres, il fournit à son patron mille bonnes raisons pour le congédier, et au bout de deux mois, le malheureux père se trouva seul, sans argent et sans place !

Il vendit sa montre et vécut pendant quelque temps.

Depuis le jour où Juliette avait quitté sa maison, il n'avait cessé de la chercher et de la redemander à tous ceux qui pouvaient avoir quelques lumières sur son sort. Il s'adressa d'abord à Arabelle : un être souillé de sang et de meurtres eût été attendri devant ce désespoir paternel et cette humble supplication :

— Dites-moi où elle est ! Je ne la gronderai pas, mais dites-moi seulement où elle est !

Mais la comédienne, au cœur de marbre,

ne changea pas de visage; elle se borna à répéter l'éternelle réponse des Caïns qui ont tué le corps ou l'âme :

—Que sais-je où elle est? me l'avez-vous donnée à garder?

Il revint à la charge, souvent; avec des larmes, avec des cris de colère, avec des prières véhémentes, mais Arabelle continua à cacher son secret sous un froid sourire.

Il guetta les compagnes de Juliette; elles ne savaient rien ou ne voulaient rien dire; il erra dans les lieux publics, les promenades, les boulevards, aux abords des théâtres et des cirques: il paya même d'un des derniers écus qui lui restaient une place au théâtre de la rue Chantereine, parce qu'on lui avait dit que souvent les jeunes cantatrices y faisaient leurs débuts; il se glissa dans les cafés où se réunissent les comédiens et les directeurs de troupes; il interrogea timidement, mais aucune recherche ne put le mettre sur les traces de sa fille, et l'instant arriva trop vite, où la misère pressante l'obligea à s'occuper de lui-même.

Il voulait vivre, quoique rien ne l'attachât plus à la terre que la vie elle-même. Il voulait vivre, parce que la religion défend la mort volontaire et parce que, durant un saint mariage, sa pieuse femme avait gravé dans son âme la loi de Dieu et l'espoir des promesses éternelles; il voulait vivre, parce qu'il lui semblait qu'un jour l'enfant prodigue viendrait frapper à sa porte et invoquer la miséricorde paternelle afin d'espérer en la miséricorde divine. Il voulait vivre, et longtemps il chercha en vain des moyens d'existence. Il se présentait dans les bureaux, dans les magasins, partout où l'on pouvait avoir besoin d'un commis, d'un copiste, d'un homme de peine même ; il offrait des certificats, gages d'honneur et de probité, mais son âge déjà avancé, l'indigence de son costume, son air malheureux et parfois égaré, lui attiraient des rebuts : — Vous êtes trop âgé, lui disait l'un, vous ne pourriez vous faire à ma besogne, il nous faut des jeunes gens. — Il a l'air d'un mendiant, je ne puis recevoir ça dans mes bureaux ! disait le second. — Ce brave homme est toqué, disait le troisième; sa place est à Charenton et non dans mon comptoir.

Éconduit, refusé, repoussé de partout, le pauvre Éloi Séverin connut, pendant plusieurs mois, tout ce que la misère a d'affreux dans la solitude des grandes villes, genre de solitude, pire en pareil cas, que celle des rocs et des forêts. Il vendit pièce à pièce tout ce qu'il possédait, même son Jean-Bart; il ne se réserva que le cadre qui renfermait les cheveux de sa femme, et un chapelet qu'elle avait usé sous ses doigts; et il se réfugia dans une étroite mansarde meublée d'un lit de sangle, d'une chaise, d'une table et d'une vieille malle; il vécut de pain et d'eau, il eut froid, il eut faim, mais la souffrance intérieure dominait celle du corps, et, au milieu de cette inexprimable détresse, sa pensée ne quittait pas Juliette. En quelque lieu qu'elle fût, il semblait que l'ingrate enfant eût dû sentir, errante autour d'elle, l'âme de son père qui l'évoquait et l'appelait sans cesse... Mais cette voix lointaine fut étouffée par d'autres rumeurs, et Juliette ne revint pas.

L'air préoccupé, malheureux, d'Éloi Séverin, ce que l'on savait de son histoire, avaient fini par intéresser les habitants de la maison où il demeurait; un jeune commis, son voisin de l'étage inférieur, résolut d'employer son activité et ses connaissances à empêcher cet honnête homme de mourir de faim. Un soir, il monta dans la misérable chambrette : il trouva Éloi assis près de la lucarne et regardant le ciel que l'on découvrait de là comme d'un observatoire; il roulait son chapelet dans ses doigts : sa physionomie avait une expression de douleur qui inspira presque du respect au jeune homme.

— Monsieur, dit-il avec beaucoup de douceur, j'ai appris que vous cherchiez une place, et comme je suis né sur le pavé de Paris,

Nourri dans le sérail, j'en connais les détours,

j'ai cherché aussi de mon côté...

— Vous êtes bien bon! répondit Séverin, étonné et touché. Vous ne me connaissez pas!

7.

— Que si : la portière dit que vous êtes un très-brave homme, que vous avez des certificats superbes.

— Les voici.

— Diantre! mais c'est très-beau, cela! Mon cher monsieur, vous avez quitté la proie pour l'ombre, il me semble, en quittant votre ville où vous étiez si estimé pour venir dans ce grand Paris...

Éloi soupira ; le jeune homme continua :

— Enfin, ce qui est fait est fait! Il faut songer à l'heure présente. J'ai donc cherché et trouvé...

— Ah! monsieur, je ne sais comment vous remercier...

— Pas la peine. La place est des plus minces, mais faute de mieux... Voici de quoi il s'agit. Je suis caissier dans un des grands magasins de nouveautés du quartier Montmartre, notre personnel de bureau est au grand complet, mais il nous faudrait un homme de confiance pour surveiller les magasins, les allants et les venants... C'est un emploi fatigant, il faut être debout et circuler toute la journée, en ayant l'œil sur tout ce qui se passe et en donnant aux chalands les indications nécessaires, car sans vanité notre maison est un monde... Nous avons les comptoirs de blancs, de confections, de nouveautés, de mercerie, de ganterie, parmi lesquels il faut diriger les acheteurs, tout en veillant sur eux. Comprenez-vous?

— Oui, très-bien.

— Cela vous convient-il? Soixante-quinze francs par mois.

— C'est bien, j'accepte, et je vous suis bien reconnaissant.

— Ce n'est pas la peine.

Il se faut entr'aider, c'est la loi de nature.

Le jeune Amédée était bachelier ès-lettres.

— Donnez-moi vos certificats, je cours les montrer au patron, et demain, vous serez installé.

Ce fut ainsi, grâce à la protection d'Amédée Tisserand, qu'Éloi eut, enfin, un emploi et du pain.

VI.

DEUX APPARITIONS.

En peu de temps, Eloi Séverin fut habitué
aux labeurs de son nouvel emploi. La fatigue
était grande, car il fallait rester debout du
matin jusqu'au soir, l'ennui extrême, la monotonie rebutante, mais le corps et même
l'esprit du pauvre homme paraissaient cui-
rassés et il s'apercevait à peine que ses jambes
étaient alourdies, ses yeux éblouis et lassés,
sa tête ahurie par ce mouvement perpétuel
qu'il avait mission d'inspecter. Il vivait ailleurs; dès qu'il était sorti du magasin, les
soirs d'hiver, à la clarté du gaz, les soirs d'été,
aux derniers rayons du jour; les dimanches,
pendant toutes les heures qu'il ne passait

pas à l'église, il cherchait, il cherchait toujours. Amédée, qui était devenu son confident, l'aidait dans ses recherches, et, connaissant, comme il s'en vantait, le pavé de Paris, il avait frappé aux portes de la police, et à celles de quelques directeurs de spectacles. Mais aucune lumière n'en jaillit sur le sort de Juliette; Amédée en conclut qu'elle avait pris un faux nom et que, probablement, elle avait quitté Paris.

— Ne la cherchez plus, mon vieux, disait-il à Séverin ; c'est inutile.

— Je ne puis pas faire autrement, et vous verrez, un jour je la rencontrerai et elle reviendra avec moi. Si je ne la cherchais et ne la trouvais pas, que me dirait ma femme un jour? C'est la première parole qu'elle me dira au ciel : — Où est ma fille? Voyez-vous, ajouta-t-il en se touchant le cœur, j'ai quelque chose là qui me fait des reproches : c'est moi qui ai donné à ma Juliette ces goûts de musique et de vanité; ma femme s'y opposait... que ne l'ai-je écoutée!

C'était là tout le fond de leurs entretiens.

Un jour, le magasin de nouveautés étant, par hasard, tout à fait désert, Éloi se mit à la porte et regarda machinalement les passants. Le flot parisien coulait comme de coutume, les voitures se succédaient, se croisaient ; tout-à-coup, Séverin poussa un cri... Il venait de voir et de reconnaître au fond d'une calèche, Juliette seule, et couchée d'un air ennuyé. Les traits de ce visage lui pénétrèrent l'âme, il le reconnut sur-le-champ et se mit à courir comme un fou, sur les traces de la voiture, qui, attelée de deux chevaux de race, volait sur le pavé. Elle le devança, tourna un angle et se perdit dans la foule des coupés, des omnibus, des cabriolets qui encombraient la voie publique. Il courut long-temps encore, haletant, les yeux perdus dans l'espace, objet de l'attention des passants, et convaincu enfin que la calèche avait disparu, il revint lentement sur ses pas. C'était bien elle ! il en était sûr, l'œil d'un père ne se trompe pas : elle, dans une brillante voiture, avec des laquais ; elle, portant une robe de moire et des dentelles ! Cette image était sans cesse devant lui : c'était Juliette, Juliette déshonorée !

Il la chercha plus que jamais, il la fit chercher par Amédée ; tous deux consumaient dans des démarches fiévreuses leurs heures de liberté, mais l'apparition qui avait passé, éblouissante, comme jadis la comédienne Pélagie devant les Pères du désert, l'apparition ne revint plus.

Des années s'écoulèrent dans cette poursuite vaine, et pourtant, le malheureux père ne s'en lassait pas : ses souvenirs, ses sentiments et aussi sa douleur avaient gardé leur vivacité première. A chaque coin de rue, il s'imaginait revoir sa fille ; dans chaque voiture qui dévorait l'espace, il croyait la reconnaître, belle et mélancolique... Sa monomanie faisait, sans qu'il s'en aperçût, l'objet des plaisanteries des commis et des demoiselles de comptoir qui criaient : —Venez donc, père Séverin, voilà une voiture à quatre chevaux ! c'est peut-être votre dame !... Mais Amédée se fâchait alors et rassemblant ses réminiscences poétiques, il disait : —Respect au roi Léar, messieurs ! l'amour paternel a égaré sa raison !

Un soir encore, le pauvre roi Léar errait aux Champs-Elysées ; la nuit était complètement venue, mais la beauté du ciel retenait tous les promeneurs, et autour des cafés chantants, la foule se pressait encore. Dans un de ces cafés, un prélude de harpe se fit entendre, puis une voix qui chanta une courte romance. Cette voix alla frapper au cœur d'Éloi Séverin ; il la reconnut, quoiqu'il fût à distance, il la reconnut, quoiqu'elle fût faible et fatiguée. Il courut vers l'estrade éclairée, mais des voitures lui barraient la route, il fit un détour, se pressa, essaya longtemps de se dégager d'un flot de peuple, tomba, se releva, mais quand il parvint enfin devant la porte de l'enceinte, la foule s'écoulait, les bougies étaient éteintes, la dernière romance avait clos la soirée, et il n'y avait plus sous les arbres ni chanteurs, ni chanteuses.

— Qu'est-ce qui a chanté cette romance, avec accompagnement de harpe ? demanda-t-il à un garçon qui ramassait les verres et les carafes.

— Je n'en sais rien, ce n'est pas une de nos habituées...

Il ne put obtenir d'autre réponse; Amédée, le lendemain, apprit seulement qu'une cantatrice avait demandé à se faire entendre, mais que son chant n'avait pas plû et qu'on ne la reverrait pas. Le directeur même ignorait son nom : en l'accueillant, il avait cédé à la recommandation d'un de ses amis.

— Ce sont des oiseaux de passage, mon cher monsieur, dit-il, ça ne niche nulle part!

Éloi Séverin, à la suite de cette deuxième rencontre, tomba gravement malade. Amédée le soigna comme un fils; quand il fut convalescent, sa première sortie le conduisit aux Champs-Élysées. Elle n'y revint pas, et même dans l'intervalle, le café-chantant avait disparu.

VII.

L'ÉTOILE DE LA MER.

Quelques mois encore s'écoulèrent sans aucune nouvelle de Juliette ; cependant le prêtre qui avait visité Éloi pendant sa maladie, le maître même du magasin où il travaillait, et surtout le fidèle Amédée, s'employaient tous à chercher des traces de la jeune fille, mais les grandes villes sont des gouffres où tout se perd, et il fut impossible à leurs efforts réunis d'en retrouver le moindre indice ; le pauvre père se consumait dans cette attente sans terme ; il allait, venait, agissait encore par un mouvement machinal, mais la fièvre incessante de l'âme consumait peu à peu sa vie, et tous ceux qui

le voyaient éprouvaient à l'aspect de ce visage ravagé par le chagrin plus que par les
années, un mouvement d'inexprimable pitié.

Un matin, il se rendait à sa besogne, lorsqu'il se trouva face à face avec un homme
qui, l'ayant exau iné un instant, s'approcha
tout-à-coup, et lui dit :

—Vous êtes Monsieur Éloi Séverin, n'est-
ce pas ?

— Oui, dit Éloi, en le regardant comme
s'il eût attendu quelque nouvelle ; car tout
événement imprévu lui semblait se rattacher
à sa pensée unique.

— Vous ne me reconnaissez pas? je suis
le concierge de la maison où vous avez été
employé, et je suis fort aise de vous rencontrer, parce qu'il y a.... attendez.... il y a
huit ou dix mois, il est arrivé une lettre
pour vous. Nous l'avons refusée, comme de
juste, puisque nous n'avions pas votre adresse
pour vous la faire tenir. L'avez-vous reçue?

— Jamais, répondit Éloi tout ému, et d'où
venait cette lettre ?

— Je ne saurais le dire... de l'étranger, je

crois, car elle portait deux timbres... Vous
la trouverez au bureau des rebuts... Charmé
de vous avoir rencontré... au plaisir...

Le concierge donna une poignée de main
à Éloi qui demeurait tremblant, abasourdi.
De qui pouvait venir cette lettre, si ce n'é-
tait de Juliette ? Il se traîna jusqu'au magasin et communiqua la nouvelle à Amédée et
au patron, et quand les écritures du jour
furent apurées et que l'heure de la vente fut
passée, le jeune commis eut permission d'accompagner son vieil ami jusqu'au grand bureau des Postes.

La recherche fut difficile et lente au milieu
de ces épîtres mises au rebut, nouvelles qui
resteront éternellement ignorées, paroles de
tendresse qui ne réjouiront personne, témoignages de fidélité qui ne rassureront nul
cœur, pauvres lettres venues de loin, ayant
traversé les royaumes et les mers pour abou-
tir à ce tiroir d'où elles ne sortiront que pour
être jetées au feu. Que d'espoir, d'affection,
de larmes, il y a dans ce monceau de vieilles
enveloppes, surmontées d'adresses mal mises!

Que de souffrances entraînera peut-être leur destruction !

Enfin, du fond de ce sépulcre, l'employé fit sortir deux lettres, couvertes de renvois, et dit :

— Vous vous nommez bien Éloi Séverin, commis chez M. Archer ?

— Oui, monsieur, voilà mes papiers, vérifiez !

— Voici deux lettres qui portent votre nom : elles viennent toutes deux de Bruges.

Les lettres seraient tombées par terre des mains frémissantes d'Éloi, si Amédée ne les avait saisies. Ils sortirent.

— C'est de Juliette ! j'ai reconnu son écriture, s'écria Séverin : tenez... celle-ci est de sa main...

— C'est la plus ancienne, dit Amédée en examinant les timbres, mais l'autre ?...

Il était impossible de lire au milieu de la rue, et l'émotion d'Éloi le paralysait et l'empêchait de marcher. Il regardait les lettres, souriait et pleurait, et il fallut l'appui du bras d'Amédée pour qu'il pût regagner sa maison.

Il prit enfin la plus ancienne des deux lettres et il lut :

Bruges......

« Mon cher et bon père,

« Je prends la plume en tremblant, et si j'étais près de vous, je me mettrais à genoux, et je vous dirais : Pardonnez-moi ! j'ai été folle et ingrate, pardonnez-moi ! Mais, hélas ! mon cher père, je ne puis pas aller vers vous, je suis malade, et c'est d'un lit que je ne quitterai peut-être plus que je vous crie : Pardonnez-moi !

« Le bon Dieu m'a frappée et je reconnais que c'est avec justice. Je ne puis pas, mon cher père, vous dire toutes mes fautes, je n'en ai pas la force : j'ai été séduite par la vanité et par l'amour du luxe... Je me suis déshonorée, hélas ! et comme tant d'autres, j'ai vendu mon âme pour un peu de bien-être et de richesse. Après avoir joui de cette opulence si chèrement achetée, j'ai été abandonnée, et de jour en jour, j'ai vu décliner mes forces, mon talent et ce qu'on appelait ma beauté. J'ai passé par le chemin où tant d'autres ont passé...

« En dernier lieu, j'étais à Bruges, attachée aux chœurs de la troupe lyrique. Malade, épuisée, ruinée, accablée de dettes et de misères, oh ! mon père, combien j'ai pensé à vous et à ma sainte mère ! Que j'ai pleuré sans que personne me consolât ! Que j'ai eu des nuits d'angoisse et des jours de fièvre sans que nul s'inquiétât de moi ! C'est alors que, revenant sur le passé, me souvenant de mon enfance et de la piété de ma mère, j'ai essayé de me traîner à l'église et de prier... J'ai prié beaucoup la sainte Vierge, en lui rappelant combien autrefois j'aimais à chanter des cantiques à la chapelle des Dunes... Je lui ai dit combien je me repentais de mes fautes, je l'ai suppliée de me servir de mère et de protectrice dans ce pays étranger où je souffrais tant... La sainte Vierge m'a entendue, et un jour que je ne pouvais pas quitter mon lit et que je n'avais plus du tout d'argent, un jour que j'étais abandonnée de tout le monde et sans espoir, je vis entrer dans ma chambre deux sœurs de charité. Oh! que je fus contente en revoyant ces cornettes blanches que j'avais tant vues à Dunkerque autrefois... Elles me dirent qu'elles visitaient les malades et me parlèrent avec une douceur, une amitié que je ne connaissais plus. Je ne pouvais parler, je pleurais : c'était la sainte Vierge qui les avait envoyées.

« Elles m'ont fait transporter dans leur maison ; elles m'ont soignée, moi, pauvre actrice, comme si j'étais leur sœur, et par leurs bons conseils, je suis revenue tout-à-fait à Dieu. J'ose espérer qu'il m'a pardonné mes péchés, et si je vis, je veux que ce soit pour lui et pour vous ; si je meurs, j'accepte la mort comme une juste expiation.

« Mais vous, mon bon père, qui m'avez tant aimée et à qui j'ai fait tant de peine, ne pardonnerez-vous pas à votre fille ? Si vous saviez de quels regrets je suis déchirée, quand je pense à mon ingratitude envers vous, et j'y pense toujours... Si je pouvais vous voir et recevoir votre pardon et votre bénédiction, je serais bien heureuse. Si je n'ai pas ce bonheur, ce sera une punition de plus, punition bien méritée.

« Je suis très-malade ; ne vous en affligez point, mon pauvre père, je ne puis pas mourir dans un meilleur moment que celui, où, repentante de tant d'égarements, j'offre ma vie à Dieu comme une expiation. Si je vivais je pourrais retomber dans mes fautes, je me sens si faible... Maintenant, la sainte Vierge et ma mère prient pour moi, et j'espère qu'elles me recevront dans le ciel.

« Adieu, mon tendre père, encore une fois, daignez pardonner à

« Votre fille repentante,

« JULIETTE SÉVERIN. »

La seconde lettre contenait ce qui suit :

« Monsieur,

« Votre fille, Juliette Séverin, est décédée dans notre petit hospice, le..., après nous avoir édifiées par sa résignation et la sincérité de son repentir. Elle est morte en baisant

8.

le crucifix, et une de ses dernières paroles a été pour vous, qu'elle eût tant désiré revoir. Nous avons toute confiance que Dieu lui aura fait miséricorde.

« Nous avons trouvé sous son oreiller une prière qu'elle avait composée, et qui est un témoignage de sa dévotion filiale envers Marie. Je vous l'envoie, monsieur, comme un dernier souvenir de votre chère enfant,

« Je suis, monsieur, votre servante dévouée en Jésus-Christ,

« Sœur SAINT-JEAN.

« Bruges... »   « F. d. l. c.

La prière, écrite d'une main tremblante, tomba de la lettre ; Amédée la lut.

« Sauvée par vous, ô ma bonne Mère, de
« la misère et de la honte, je vous ai voué
« mon cœur, en reconnaissance de votre cé-
« leste protection ; je vous prie de l'accepter
« et de le changer de telle sorte qu'il ne reste
« plus rien de ses défauts et de ses égare-
« ments ; rendez-le semblable au vôtre, ô

« Marie ! Je vous offre cette prière, quoi-
« qu'elle soit bien indigne de vos regards.
« Agréez-la, ô ma bonne mère, accordez-moi
« votre sainte protection. Je prends ici l'en-
« gagement de vous servir et de vous aimer
« tout le reste de ma vie !

« Tout à vous, ma divine Mère.

« Votre fille et dévouée servante,

« JULIETTE SÉVERIN [1] »

Amédée leva ses yeux humides sur le malheureux Éloi ; celui-ci paraissait calme.

— Elle est avec sa mère, dit-il, je n'ai plus
qu'à aller les rejoindre... Que le bon Dieu
soit béni !

Il mourut peu de mois après, chez les Petites Sœurs des Pauvres, où ses amis l'avaient
fait entrer. Il légua au bon Amédée les seuls
biens qu'il possédât sur la terre : le chapelet
de sa femme et la prière de Juliette.

1. Cette prière a été textuellement composée par une
jeune actrice dans des circonstances pareilles à celles où
se trouvait notre héroïne.

UN LONG COMBAT

I.

La pluie tombait: une de ces pluies pres-
sées, tranquilles, continues, qui, durant certaines semaines du printemps et de l'automne,
impriment un cachet si mélancolique aux
villes et aux campagnes du nord de la France.
Dans les champs, les cieux semblaient tou-
cher à la terre, un voile gris enveloppait
toutes choses, et ne laissait voir au passant
qu'à travers un brouillard humide les vastes
plaines de l'Artois, les unes dépouillées de
leurs moissons, les autres portant leur riche
récolte de betteraves, — la betterave, prose
des champs, comme les blonds épis en sont
la poésie. La pluie était triste à la campagne

et plus triste encore à la ville; les rues étroites d'Arras suintaient l'humidité; les toits dégouttaient, les gouttières laissaient échapper des flots qui changeaient en torrent le ruisseau de la rue; les rares passants, abrités sous leurs parapluies, se hâtaient vers leur logis, et aux fenêtres, des gens de mauvaise humeur regardaient le ciel blafard, l'eau tombant paisiblement; et avaient l'air de dire à la cantonade : — Le baromètre est au plus bas, il pleut et il pleuvra durant tout le quartier de la lune ! Tenez-vous pour bien avertis...

Une jeune fille, pauvrement vêtue et qu'aucun parapluie ne défendait contre l'inclémence du ciel, traversait d'un pas hâtif les rues inondées. En arrivant sur la Grande-Place, aux antiques façades espagnoles, elle s'enfonça sous les arcades qui en font le tour et se trouva, pour un instant, à l'abri de la froide pluie. Ses pieds et ses vêtements humides laissaient leur trace sur les dalles et elle serrait, frissonnante, son petit châle de laine sur sa poitrine.

Au bout de la place, elle entra dans un dédale de petites rues que domine la masse ancienne et sombre de l'église Saint-Jean-Baptiste, et s'arrêtant devant une maison basse, d'un aspect misérable, elle leva le loquet et se trouva dans une chambre où tout accusait l'indigence profonde, invétérée, passée à l'état d'habitude. Une vieille femme était assise auprès du poêle et raccommodait un vêtement en lambeaux. Vieille? était-elle vieille? Elle portait les traces que les ans accumulent sur nos têtes : son front était ridé, ses cheveux grisonnaient, sa taille se courbait, ses yeux n'avaient qu'un regard obscurci, et pourtant, l'âge de la jeune fille qui l'appelait sa mère, ne permettait pas de croire que cette femme eût dépassé le milieu de la vie : les soucis, les fatigues, avaient fait pour elle l'office du temps et l'avaient poussée, d'une main rude et inflexible, vers la décrépitude.

— Comme te voilà mouillée, ma pauvre Agathe! dit-elle en levant sur sa fille ses yeux fatigués. Faut-il que nous soyons mal-

heureux aussi de n'avoir pas même un parapluie!

— Je n'en mourrai pas, ma mère, répondit la jeune fille assez gaiement, je ne suis
ni sel ni sucre pour fondre à l'eau ; je vais
changer de jupe, et il n'y paraîtra plus.

Elle se dirigea vers le fond de la chambre
où, dans un enfoncement, se trouvaient son
petit lit et un coffre de bois blanc qui renfermait tout ce qu'elle possédait sur la terre.
Sa mère la suivit d'un air inquiet et préoccupé. Agathe ouvrit le coffre, en tira une
jupe de laine grise, mais à peine l'eut-elle
soulevée, qu'elle jeta un cri :

— Où est ma robe? s'écria-t-elle, ma
pauvre robe des dimanches!

— Eh bien! dit la mère, ne vas-tu pas
faire du bruit maintenant! On ne l'a pas
mangée, ta robe!

— Vous l'avez vendue! dit l'enfant avec
douleur. Je l'avais gagnée en travaillant, elle
ne me servait que pour aller à la messe et à
l'office, et on me la prend !

— Elle n'est pas perdue, tiens, tiens!

Voilà le billet comme quoi on l'a mise au clou.

Elle présenta à sa fille un billet imprimé, tout couvert de chiffres, de renvois et de lettres découpées à la souche : c'était une reconnaissance du Mont-de-Piété.

— Huit francs ! dit Agathe, il me faudrait huit francs pour reprendre ma robe ! Hélas ! je ne les aurai jamais.

Elle fondit en larmes. Sa mère s'émut, car, quoiqu'elle eût le cœur un peu bronzé par la misère, les pleurs de sa fille ne la laissaient pas insensible.

— Que veux-tu, ma pauvre Agathe? dit-elle ; tu connais bien ton père ; il ne m'a pas rapporté vingt sols de sa semaine ; le boulanger ne voulait plus faire crédit ; je n'avais ni pommes de terre ni charbon, et j'ai pris ta robe, mon pauvre *fieu*, pour faire aller le ménage. Nous irons la chercher la semaine prochaine, quand ton père aura reçu sa paie.

Agathe secoua la tête d'un air de doute.

— Tu ne me crois pas?

— Je crois que vous avez bonne intention, ma mère, mais le cabaret sera toujours sur le chemin de mon père, et la paie de la semaine prochaine y passera comme elles y passent toutes. Serions-nous si misérables, si mon père...?

Elle n'acheva point, mais sa mère, moins discrète, moins respectueuse, continua la phrase :

— Si ton père ne buvait pas ce qu'il gagne ! Oh ! c'est trop vrai, tout ce qu'il gagne reste au fond de la pinte, et si tu ne travaillais pas, ma fille, si tu n'étais une bonne repasseuse, bien estimée, bien considérée dans ton état, nous pourrions aller chercher l'aumône aux portes.

— Ma mère, je ne demande pas mieux que de travailler pour vous, répondit Agathe avec un soupir, mais la vie est bien dure ici. Voyez : je n'ai d'autre plaisir que d'aller à l'église et au Patronage, et voilà que l'on m'enlève ma pauvre robe, le seul habillement décent que j'eusse... Je ne me plains pas, dans la semaine, de me voir vêtue comme une pauvresse, d'être logée, nourrie comme les plus malheureuses, quoique je gagne un bon salaire, je ne me plains pas; mais les habits du dimanche, que j'ai eu tant de peine à acquérir! m'en priver, c'est me décourager tout-à-fait!

Elle se remit à pleurer : on comprenait que cette dernière souffrance, ajoutée à tant d'épreuves journalières, était la goutte d'eau qui faisait déborder la coupe, pauvre coupe de l'âme humaine si souvent remplie de larmes amères, et que la moindre oscillation fait déborder!

La mère d'Agathe ne dit plus rien ; elle avait épuisé, en quelques mots de sympathie, ce qu'elle avait encore d'intelligence et de sensibilité, et elle alla se rasseoir, en reprenant d'une main débile, son misérable ouvrage. Agathe plia la reconnaissance du Mont-de-Piété, ferma son coffre, et s'assit aussi à sa place accoutumée, en touchant du bout des lèvres au maigre souper que sa mère lui avait servi; elle soupirait et jetait de longs et tristes regards sur cette chambre indigente, sur ces murs noircis, ces meubles disloqués, sur cette misérable tanière où la joie n'était jamais entrée ; elle se souvenait de son enfance si dénuée, des peines qui avaient assailli son adolescence, alors qu'elle avait compris la situation de ses parents, les torts de son père et qu'elle avait comparé son sort à celui d'autres jeunes filles de son âge et de sa condition ; mille idées pénibles, poignantes se réveillaient dans son pauvre cœur et des tentations qu'elle n'avait jamais connues, semblaient prendre une voix et parler impérieusement, au fond de son cœur : — Je suis trop malheureuse, se disait-elle, je veux tout quitter ! Personne ne me porte intérêt : mon père ne vit qu'au cabaret, ma mère ne pense pas à moi, elle ne pense qu'à vivre tant bien que mal... Eh bien ! je m'en irai ! je quitterai Arras... je leur enverrai un peu d'argent, et ils seront contents...

— Voilà dix heures qui sonnent, dit la mère en pliant son ouvrage ; il faut nous coucher ; ton père ne reviendra pas avant minuit. Dis-tu la prière ?

Ce mot réveilla Agathe de ses rêveries. Elle-même, pieuse enfant, avait habitué sa mère à cette prière du soir ; elle avait accoutumé la pauvre femme à puiser dans les paroles célestes un peu de résignation ; aussi, ce simple mot : — Dis-tu la prière ? fut-il comme un appel d'en-haut, au son duquel s'enfuient les sombres pensées. Elle se mit à genoux devant un petit crucifix et dit à haute voix le *Pater*, l'*Ave*, le *Sub tuum* et une prière à l'ange gardien. Puis, en se relevant, elle embrassa sa mère, qui lui dit :

— Tu n'es plus fâchée, mon fieu ?

Elle ne l'était plus que contre elle-même : pourtant, elle ne put dormir de la nuit ; mille projets, mille pensées roulaient dans sa tête, et vers une heure du matin, elle entendit un pas inégal et trébuchant, une voix avinée, qui marmottait des phrases incohérentes, et à ces signes, elle reconnut son père : Pierre Manceau rentrait chez lui.

II.

Le lendemain, vers midi, dans le parloir
des Filles de la Charité, Agathe causait avec
une de ces sœurs, dont la blanche cornette
cache parfois tant de grâces, et toujours tant
de sens et de bonté. La jeune fille parlait avec
animation ; elle ouvrait tout grand son cœur
et laissait voir ses peines, ses tentations, et
jusqu'aux plus vagues projets que sa douleur
impatiente avait pu enfanter. La religieuse
l'écoutait attentivement; ce tableau des misères humaines n'avait rien de nouveau pour
elle, et pourtant, toujours il excitait sa pitié
profonde, d'autant plus que dans les souf-

frances matérielles, elle voyait le danger que couraient les âmes.

— Oui, disait Agathe, oui, ma Sœur, j'ai eu bien envie de quitter mes parents, de m'en aller, comme tant d'autres, à Paris, et de me faire mon sort toute seule... Mais quand j'ai prié le bon Dieu et quand j'ai regardé ma pauvre mère, plus malheureuse que moi encore, je me suis dit que je ne pouvais pas la quitter. Et pourtant, pourtant, nous sommes si à plaindre!

— Vous gagnez quelque chose, mon enfant?

— Oui, ma Sœur, je gagne vingt sous par jour: c'est à peu près le seul argent qu'ait ma mère pour nous faire vivre.

— Votre père dépense tout?

— Hélas! oui, presque tout. Il est ouvrier dans une raffinerie de sucre, et bon ouvrier, mais ses camarades l'emmènent au cabaret, et là, il oublie que nous existons. Ah! il me vient souvent des pensées de désespoir, allez! notre maison est si triste, et ma mère est si accablée dans son malheur, qu'elle n'a presque jamais une bonne parole pour moi...

La religieuse, avant de parler, réfléchit longtemps, comme le faisait son bienheureux Père, Vincent de Paul, et après avoir pesé, dans sa pensée, les difficultés de cette situation, elle dit à Agathe :

— Mon enfant, je vous remercie de votre confiance, et puisque vous me demandez mes conseils, voici ce que je vous engage à faire. Il est difficile que vous restiez auprès de vos parents, puisque vous n'y goûtez aucune consolation et que le découragement du bien pourrait vous prendre; il est impossible que vous les quittiez tout-à-fait, car d'un instant à l'autre, ils auront besoin de vous, de vos soins, de votre tendresse. Prenons donc un moyen terme. Entrez en service; je vous placerai à Arras même, chez d'honnêtes gens; vous verrez votre mère fréquemment, vous l'aiderez de vos gages, et à son premier appel, vous pourrez vous rendre auprès d'elle. Cela vous convient-il ?

— Oui, ma chère Sœur, dit la jeune fille

ranimée. Vous serez contente de moi, je vous assure.

— J'y compte, Agathe. Le service que je veux vous donner est fort modeste : vous serez bonne d'enfants chez Madame Romain, qui tient, vous le savez, une boutique d'épiceries ; vous vous formerez, et quand cette dame n'aura plus besoin de vous, je vous chercherai un autre emploi. Maintenant, ma petite fille, ai-je besoin de vous énumérer vos nouveaux devoirs ? l'honnêteté, la probité, la vigilance pour ces enfants dont on vous confie la garde ? Vous comprenez ces obligations, mais ce que je ne saurais trop vous recommander, c'est de ne jamais oublier vos pauvres parents, de les aimer, de les respecter toujours...

— Respecter ! ô ma Sœur, il est difficile de respecter son père quand on l'a vu...

Elle se tut en rougissant.

— Que dit le quatrième commandement ? reprit la religieuse avec une grave douceur.

— Tes père et mère honoreras.

— Remarquez, Agathe, que le commandement ne dit pas : *Tes père et mère hono-reras* s'ils sont vertueux, s'ils sont édifiants... Il ne met pas de conditions : il faut honorer, c'est-à-dire, obéir dans les choses légitimes, et se dévouer toujours. Le commandement divin est clair, précis et sans amphibologie, ni restriction. Vous y conformerez-vous ?

— Oui, ma Sœur, répondit la jeune fille avec fermeté ; je vous le promets, à vous qui m'avez conseillée et dirigée depuis mon enfance ; j'aiderai mes parents de tout mon pouvoir et je les aimerai de tout mon cœur... Mon Dieu ! mon Dieu ! quand je suis seule, je me souviens que mon père m'aimait bien autrefois, il se promenait avec moi. Un jour, il se jeta presque à l'eau pour me cueillir des petites fleurs bleues : il était rangé, tranquille alors, et si bon homme !...

— Priez pour lui, chère petite, et Dieu changera son cœur. Et maintenant, allez dire à vos parents le désir que vous avez d'entrer en service et demandez-leur-en la permission... Alors, nous serons en règle et tout ira bien.

Agathe se mit à genoux devant la Sœur et reçut sa bénédiction. Celle-ci la regardait avec la compassion d'un ange qui voit, des horizons lumineux où il plane, les douleurs de la terre; elle connaissait ce cœur d'enfant, formé par la religion, épuré par les sacrements, plein de bonnes intentions et de généreuses pensées, mais elle craignait que, si bien préparé qu'il fût, il ne faiblît dans le triste milieu qui l'environnait, entre un père dégradé et une mère accablée, annulée par l'excès de la misère et des humiliations. Elle voulait pour Agathe un air plus respirable, s'il est permis de s'exprimer ainsi, et elle la connaissait assez pour espérer qu'un peu de bien-être, un peu de repos, loin d'endurcir son âme, la rendraient plus tendre pour cette mère qui souffrait loin d'elle, et pour ce père que de funestes exemples avaient entraîné.

Quand Agathe revint dans sa maison, elle trouva Pierre Manceau assis auprès du feu, et fumant une courte pipe, avec cette expression de visage, triste, hébété, vague que les sculpteurs javanais donnent aux fumeurs d'opium. Le désordre et l'incurie de son costume disaient de reste qu'en ce saint jour du dimanche, il n'avait pas fréquenté l'église. Catherine, sa femme, surveillait leur chétif dîner qui cuisait sur le poële; elle avait l'air abattu, indifférent, qui lui était ordinaire et qui attestait la prostration de l'âme sous une souffrance habituelle : silence d'esclave, résignation de fataliste qui croit à la destinée inflexible plutôt qu'à la Providence clémente. Elle sourit cependant, cette pauvre femme, en voyant sa fille, et le père lui fit place dans l'angle de la cheminée :

— T'as quelque chose qui te tourmente ? dit enfin Catherine après un long silence. T'as l'air *tout chose*, petite.

— C'est qu'en effet, je voudrais vous parler, ma mère, et à vous aussi, mon père.

— Parle, dit Manceau, tu n'as pas un crime à confesser, je pense ?

— Non, c'est une idée qui m'est venue et à la sœur Vincent aussi.

—De quoi s'agit-il ?

—Elle a un bon service pour moi et je voudrais bien me placer, si vous me le permettez.

— T'as raison, dit le père en secouant la cendre de sa pipe ; chacun pour soi.

— Ce n'est pas mon projet de vivre pour moi, dit-elle vivement. Dieu m'en préserve ! Je gagnerai de bons gages et je les donnerai à ma mère.

— Tu es une brave fille, une bonne enfant, s'écria la pauvre Catherine ; va, petite, va en service, tu auras meilleur temps qu'ici ; mais n'oublie pas ta mère qui n'a personne au monde.

— Tu vas pleurnicher, toi? dit Pierre Manceau avec impatience.

— Hélas ! mon père, ne dites rien à ma mère, s'écria Agathe les larmes aux yeux ; n'a-t-elle pas assez de chagrin ? Si vous vouliez!...

Elle ne put achever et fondit en larmes.

Pierre Manceau, quoiqu'à moitié abruti par les fumées de l'ivresse habituelle, n'était pas un méchant homme, et il avait pour sa fille un certain sentiment d'affection :

— Là, là! dit-il en lui mettant la main

sur l'épaule, ne gémis pas ; on fera ce qu'on pourra.

— Si vous vouliez ! répéta Agathe.

— Quoi ? ne plus aller au cabaret ? Ça, ma fille, ce n'est pas possible ; mais je donnerai un peu plus d'argent pour la maison, je le promets, foi d'homme. Et toi, tâche de te faire un sort, va, je ne t'en blâme point.

— Vous me donnez permission de me placer ?

— Oui, je t'approuve même.

— Et vous, ma mère ?

— Où que tu ailles, tu seras mieux qu'ici.

Agathe n'était pas accoutumée à plus d'expansion, ni à plus de tendresse : elle se tint pour satisfaite, et quelques jours après, elle entra, comme bonne d'enfants, chez Madame Romain.

III.

Dans le voisinage et chez ses bonnes amies
de Madame Romain, son service passait pour
peu commode; deux enfants déjà grands, re-
muants et tapageurs, un petit nouveau-né
à soigner, des lessives, des raccommodages,
des courses à faire, le caractère actif de la
maîtresse qui ne laissait guère de repos à ses
gens, tout cela ne formait pas une condition
facile, et pourtant, Agathe était accoutumée
à de si constants labeurs, et à de si rudes privations, qu'elle trouva la maison et les maîtres
également aimables. Son principal devoir
l'occupait auprès des enfants et il lui semblait
doux. Elle aimait d'instinct cet âge dont elle

était encore bien proche, il lui coûtait peu d'amuser Céline et Alfred, et de faire rire dans son berceau le petit Julien. La paix insouciante de ces trois petites créatures semblait se répandre en elle ; quand elle travaillait à côté des enfants, quand elle jouait avec eux, elle redevenait un peu enfant elle-même, et la tristesse, hôte trop familier de ses premières années, s'envolait à tire-d'ailes. Pourtant, grâce à la sœur Vincent, qu'elle écoutait d'un cœur docile, Agathe connaissait les devoirs sérieux de sa profession. Elle savait ce qu'elle devait à ses maîtres de soumission et de respect ; ce qu'elle devait aux petits êtres dont on lui confiait la garde, et de quelle vénération une servante chrétienne doit entourer l'âme innocente de ces créatures faites à l'image de Dieu. Elle ne disait jamais une parole qui pût les scandaliser ; elle s'efforçait de corriger leurs fautes avec douceur, et se rappelant les enseignements qu'elle-même avait reçus, elle leur parlait de Dieu et du paradis ; elle joignait leurs mains pour la prière et tâchait de leur apprendre, peu à peu, les premières vérités de la religion. C'étaient d'humbles devoirs, mais devant Dieu, de quel prix inestimable leur accomplissement ne pouvait-il pas être couronné? Aussi Agathe chérissait-elle ces travaux, ces soins, cet assujétissement même, et lorsque toute la semaine s'était passée dans cette maison étrangère, le dimanche, elle courait, avec une affection plus vive, vers la maison paternelle.

La Sœur l'avait bien jugée : le bien-être de sa nouvelle position n'avait fait qu'augmenter en elle l'amour filial et compatissant à la fois qu'elle portait à ses parents. La plupart du temps, sa mère était seule; son visage morne s'éclairait à l'aspect d'Agathe : celle-ci l'embrassait, la réjouissait, la forçait à mettre son plus beau bonnet et sa moins mauvaise robe, et alors, la mère et la fille, heureuses et consolées l'une par l'autre, s'en allaient à l'office et quelquefois à la promenade. C'eût été un bonheur complet si Pierre Manceau n'eût toujours manqué à la réunion de famille : le cabaret l'enchaînait, le cabaret, lieu funeste, abîme où l'ouvrier engloutit son cœur et sa raison, son argent et sa santé, gouffre maudit où tombe l'amour de la famille, où se perdent la dignité, la liberté, les joies de ce monde et les espérances éternelles!

Pierre Manceau, alors comme toujours, formait l'ombre au tableau : ces deux bonnes créatures, sa femme et sa fille, eussent été satisfaites de leur humble sort, si le souvenir de l'époux et du père ne les eut troublées. Parfois, quand Agathe s'amusait avec les petits enfants, quand son âme s'ouvrait tout entière à cette pure allégresse que l'enfance répand autour d'elle, un souvenir perçait son cœur comme un trait : elle devenait soucieuse : le cabaret se représentait à elle avec ses fureurs, ses querelles, ses blasphèmes ; la maison de sa mère avec sa pauvreté nue et ses tristes silences, une larme montait à ses yeux, et les enfants impatients et curieux lui disaient :

— Qu'as-tu? Agathe, tu pleures ! Va, ne pleure pas, nous sommes sages: dis-nous plutôt une histoire.

Elle reprenait, pour la vingtième fois, l'histoire du bon Fridolin et du méchant Thierry que jadis elle avait lue et relue dans le chanoine Schmidt, mais sous sa sérénité reconquise, la crainte demeurait et se réveillait à chaque heure. Elle éprouvait le sentiment le plus pénible, car ce père qu'elle aimait, en qui elle voulait révérer une autorité sacrée, elle rougissait et tremblait à l'idée de le rencontrer. Plusieurs fois il était venu la voir chez Madame Romain, et ni son attitude, ni sa démarche, ni ses paroles, à moitié avinées, n'avaient édifié l'auditoire, et Agathe frémissait à la pensée de ce mortel embarras, de cette honte cruelle qu'il lui imprimait ; parfois, elle prêtait l'oreille, elle croyait entendre une voix épaissie qui la nommait, des mots entrecoupés qui montaient jusqu'à elle, et seul le silence de la maison et de la rue parvenait à la rassurer. C'était cette peine secrète, qu'elle ne disait qu'au bon Dieu, qui donnait à sa jeunesse le sérieux et la force d'un âge plus avancé. Elle ne riait que pour faire rire, et n'avait de joie réelle que lorsqu'elle en voyait le reflet dans l'âme des petits enfants ou dans celle de sa mère.

Cette crainte même était un pressentiment. Un jour, au retour d'une course qu'elle avait faite avec les enfants, elle trouva à sa maîtresse un air animé et mécontent.

— Vous voilà, Agathe, s'écria-t-elle ; venez, j'ai à vous parler.

Agathe la suivit.

— Ma brave fille, lui dit Madame Romain, vous pouvez chercher une autre condition ; je ne veux plus vous garder chez moi.

— Mon Dieu ! que vous ai-je fait ?

— Vous, personnellement, rien du tout ; mais je ne veux pas d'une servante qui a un père ivrogne et querelleur. Il est venu vous demander tout à l'heure, votre père, et sur l'observation que mon mari lui a faite que vous étiez sortie, il a vomi contre nous un torrent d'injures. J'avoue qu'il n'avait pas toute sa raison, tant s'en faut, mais il avait toute sa méchanceté, il m'a fait peur... J'en suis fâchée pour vous, Agathe, vous méritiez un autre père.

— J'aime le mien, madame, car il est bien malheureux.

— Et il rend les autres misérables. Je vous donnerai un bon certificat ; cherchez à vous placer, et bonne chance !

L'inflexible Madame Romain avait parlé : la cause était jugée. Agathe pleura beaucoup sur son père, sur elle-même, sur les enfants qu'elle aimait; et quelques jours après, portant à la main son maigre paquet, la pauvre enfant sortit de cette maison où elle avait espéré vieillir.

IV.

Mais la divine Providence n'abandonne pas les faibles, elle est le patrimoine des orphelins, le refuge de ceux qui n'ont pas d'asile, et elle a mis sur la terre des chargés d'affaires qui la représentent sous des traits gracieux et suaves. La bonne Sœur de charité était un de ces fidèles ambassadeurs du bon Dieu, et, grâce à elle, Agathe ne fut pas délaissée dans sa détresse; grâce à elle, la pauvre fille vit s'ouvrir une nouvelle maison où elle fut reçue avec bonté. Une jeune femme distinguée, Madame d'Archambault, intéressée par quelques paroles de la sœur Vincent, accepta Agathe comme bonne d'enfants et lui confia deux charmantes petites filles, Jeanne et Marie, aimables et douces comme leur mère.

— Ma Sœur, disait quelque temps après Agathe à la religieuse, je ne pensais pas qu'il existât des personnes aussi parfaites, des enfants aussi gentils, une maison aussi tranquille que celle de Madame d'Archambault. C'est comme un rêve ! Madame Romain était une bien honnête femme, mais elle parlait haut et dur; les enfants, surtout Alfred, ressemblaient à des chevaux échappés, tandis que chez Madame, tout est beau, tout est bon tout est en ordre, pas un mot plus haut que l'autre, et Madame est si bonne qu'on la servirait rien que pour le plaisir d'entendre sa voix et de voir ses jolies manières...

— Vous êtes donc heureuse, mon enfant ? Dieu en soit béni !

—Oui, ma Sœur, je serais très-heureuse si je ne pensais pas à mes parents ! grâce à vous et à Madame, ma pauvre mère ne souffre pas de la misère, mes gages sont assez grands pour que je puisse lui donner tout son nécessaire, et sa petite goutte de café tous les matins, mais elle a de la peine tout de même.

— Votre père ne se corrige donc pas ?

— Oh ! non, et il a très-peu d'ouvrage, de sorte qu'il ne rend plus un sol à ma mère, et qu'il passe tout son temps à courir la ville... J'ai peur de le rencontrer quand je promène les enfants... Dans certains moments, il a une terrible figure : je suis sûre que ma petite Marie en serait effrayée.

— Rien ne peut donc le corriger, pauvre homme ! Il faut prier Dieu pour lui, Agathe.

— Tous les jours, je pourrais dire à chaque instant du jour, tant je crains qu'il ne lui arrive malheur. Et pendant que je suis tranquille à la maison, je pense à ma mère et aux peines qu'elle doit avoir. Voyez-vous, ma Sœur, je ne me marierai jamais, moi, car j'aurai trop peur d'avoir pour mari un homme qui fréquente les cabarets : je resterai fille, et je ne quitterai pas Madame, si elle veut...

C'était là le fond des pensées d'Agathe. Elle avait pris pour sa maîtresse et pour les deux enfants une vive affection, et l'idée de les quitter l'eût navrée. Elle était fière de ses deux petites filles, l'une, encore chancelante sur ses petites jambes, l'autre échappant déjà aux limbes de la première enfance, et laissant voir dans ses questions et ses répliques les lueurs de l'esprit, de la raison et de la bonté, toutes deux pieuses, sachant invoquer le bon Jésus et sa Mère, et donner avec une grâce touchante aux enfants pauvres l'aumône de la bourse et du cœur.

— On dirait des anges... ou des petites princesses! disait la pauvre Catherine Manceau, à qui les enfants avaient donné, au jour de l'an, une large étrenne, et qui était moins touchée de la pièce d'or tombée dans sa main que du joli geste, du regard doux, et des paroles enfantines qui avaient accompagné l'offrande.

Par un des premiers beaux jours du printemps, Agathe mena les enfants à la promenade, et, comme de coutume, elle fut tout heureuse en voyant les yeux des passants s'arrêter sur ces deux charmants visages, rayonnants de fraîcheur, beaux comme le matin et comme l'espérance. Elle s'assit à sa place habituelle, loin des servantes qui causaient avec des amis et qui négligeaient les enfants livrés à leur garde, et, pendant que les aiguilles du tricot couraient entre ses doigts, elle ne perdait pas de vue Marie et Jeanne qui jouaient avec ce sérieux profond que les enfants seuls connaissent.

Tout-à-coup, une voix la fit tressaillir.

—Tu ne me reconnais donc pas, fillot? disait cette grosse voix épaisse et balbutiante.

— Mon père, c'est vous! s'écria-t-elle.

. Pierre Manceau s'assit à côté d'elle sur le banc : plus que jamais ses vêtements étaient sordides; sa figure pâle et gonflée, ses yeux roulant dans le vague, ses gestes hésitants révélaient quel avait été l'emploi de sa matinée.

— Mon père, lui dit Agathe d'une voix timide, il y a longtemps que je ne vous ai vu! Êtes-vous bien?

— Je serais mieux si je ne mourais pas de soif, mais ces premières chaleurs, vois-tu, ça vous épuise un homme.

Elle se tut.

— L'ouvrier ne trouve plus à vivre, continua-t-il, c'est heureux quand on a de bons enfants, comme toi, Agathe! Tu donneras bien un peu de monnaie à ton père, n'est-il pas vrai?

— Mon père, répondit-elle, je n'ai pas d'argent sur moi, et même je n'en ai pas du tout, car vous savez que j'aide ma mère...

—C'est différent! dit-il d'un ton d'humeur. Ah! tu n'as pas d'argent! c'est différent!

En ce moment, Marie accourut vers Agathe pour lui montrer une petite fleur qu'elle venait de trouver dans l'herbe.

— C'est la fille de tes maîtres, cela? reprit Pierre Manceau. En voilà-t-il du luxe, et des panaches, et du velours, et des broderies! Un honnête homme vivrait de ces fanfreluches..

En balbutiant ces mots, il attira l'enfant vers lui et la souleva dans ses bras. Elle eut peur en voyant près du sien ce visage farouche, en sentant cette haleine brûlante sur sa joue fraîche, et elle pleura en criant :

— Agathe! ma bonne Agathe!

— Rendez-la-moi, mon père, dit celle-ci

avec douceur. Il est temps de rentrer d'ailleurs; voilà que le vent se lève... Adieu, mon
père; rentrez à la maison, je vous prie...

— A te revoir, fillot, dit-il en tournant
sur ses talons et en s'éloignant plus vite qu'il
n'était venu.

Agathe rentra, attristée par cette rencontre,
elle se dit avec amertume : — Si ma petite
Marie se plaignait de l'homme qui lui a fait
peur et qu'on apprît que c'est mon père... on
me renverrait peut-être, comme chez madame Romain...

Le soir, madame d'Archambault vint la
trouver dans la chambre où elle travaillait et
elle lui dit avec sa douceur habituelle :

— Agathe, vous êtes-vous aperçue que
Marie a perdu son collier de corail?

— Non, madame, non... répondit la jeune
fille effrayée et surprise.

— Elle ne l'a plus, et elle m'a dit qu'un
homme de mauvaise mine lui avait fait peur
à la promenade. Qu'est-ce que cela?

— C'est vrai, madame... elle a eu peur...

— Cet homme, qui l'a touchée, lui aura pris

son collier. Il faut veiller mieux que cela, ma bonne fille. Quand vous sortez avec mes enfants, il faut vous en occuper exclusivement.

Agathe ne pouvait répondre : elle était terrifiée. Sa maîtresse en eut pitié :

— Nous chercherons le collier, dit-elle ; nous le retrouverons peut-être, et vous serez plus attentive à l'avenir, n'est-ce pas?

Elle sortit et laissa la pauvre servante désolée. Agathe ne doutait pas, elle ne pouvait pas douter : son père avait dérobé ce collier; elle se souvenait, qu'au moment où il lui avait rendu l'enfant, il avait glissé sa main dans sa poche, comme pour y cacher quelque chose : l'odieuse passion, la hideuse ivroguerie l'avait conduit là! Un défaut était insensiblement devenu un vice, et des torts s'étaient changés en infâmie. — Il faut retrouver ce collier, se dit Agathe, ou mourir de honte! Et sans hésiter, se faisant excuser auprès de madame d'Archambault, elle courut chez sa mère. La pauvre Catherine raccommodait comme à l'ordinaire quelques vieux vêtements. A l'aspect de sa fille, pâle et troublée, elle se troubla elle-même.

— Ma mère, lui dit Agathe avec vivacité, mon père est-il rentré?

— Oui, tout à l'heure, et puis il est ressorti. Pourquoi cela?

La jeune fille raconta ce qui s'était passé, rapidement, avec douleur, avec une indignation généreuse, et elle vit, non sans une joie profonde, que cette indignation était partagée. Le morne visage de sa mère s'anima :

— Le malheureux! s'écria-t-elle. Mieux vaut mourir que manger de ce pain-là. Mais lui, ce n'est pas du pain, mais du genièvre qu'il veut acheter!

— Et le collier, où croyez-vous qu'il soit, ma mère?

— Il est ici, j'en suis sûre! Il s'est approché du buffet quand il est rentré, et il a ouvert le tiroir .. Cherche, va, il n'aura pas osé le vendre.

Agathe, les mains tremblantes d'une agitation fiévreuse, chercha parmi de vieux papiers, des pipes hors d'usage, des pelotons de

îicelle, un ou deux almanachs âgés de vingt
ans, et elle s'écria :

— Je le tiens!

Le collier se trouvait caché au fond d'un
sac à tabac; elle le prit et le contempla avec
ravissement.

—Quel bonheur, mon doux Jésus! s'écria
sa mère. Vite, Agathe, va le reporter à cette
bonne dame, mais ne dis rien de ce malheureux
homme! Il n'avait pas sa raison, vois-tu?

Madame d'Archambault reçut le collier
sans faire de question : elle entrevoyait la
vérité, et le souvenir d'une parole que lui avait
dite la sœur Vincent, en lui recommandant
sa jeune protégée Agathe, malheureuse par
la faute d'un père vicieux et dégradé, éclairait
ce qui venait de se passer; la jeune dame,
dans sa bonté délicate, n'insista pas pour en
savoir davantage; elle se borna à dire :

— Ah! vous avez retrouvé le petit collier?
j'en suis fort aise, car c'est un bijou de famille.

Mais quelque soulagée que fût son âme par
cette restitution, l'émotion et le trouble d'A-
gathe avaient affaibli son corps; elle tomba

gravement malade et fut en danger de mort pendant plusieurs jours. Madame d'Archam bault la soigna et la fit soigner avec une grande charité, et elle permit à Catherine Manceau de s'établir au chevet de la malade. La pauvre femme était incapable de la servir d'une ma- ière intelligente, elle se bornait à la regarder, à lui parler comme si Agathe n'eût été âgée que de trois ans, et, chose étrange, il semblait que ce regard maternel, ces vagues paroles, mêlées de caresse, calmassent, d'instinct, le délire de la jeune fille. Elle s'apaisait à la voix de sa mère, et lui obéissait aussitôt ; mais le nom seul de son père la jetait dans le trouble, et madame d'Archambault, qui avait observé cette terreur et cette répulsion, tint Pierre Manceau éloigné de sa maison. Cependant, quand la convalescence fut bien commencée, quand les forces d'Agathe s'augmentèrent, elle demanda d'elle-même à voir son père et après quelques jours d'attente, on le laissa enfin monter chez sa fille.

Le grossier ouvrier s'arrêta à l'entrée de cette petite chambre, et il parut en examiner les détails avec attention; mais sa fille l'appela, et il vint lentement vers elle; et la baisa au front.

— Tu as été bien malade? dit-il.

— Oui, mon père, j'ai beaucoup souffert.

— Oh! mais on t'a bien soignée! Tu es comme une petite reine! du papier à fleurs sur les murs, des rideaux blancs à la fenêtre, des saintes vierges partout, excusez. Je comprends que tu aimes mieux être ici qu'à la maison.

—Mon père, répondit Agathe avec fermeté, si vous l'aviez voulu, jamais je ne vous aurais quittés. Je viens d'être malade, j'ai failli mourir, parce que j'avais été trop secouée, et je sens bien que si pareille chose se renouvelait, je ne pourrais l'endurer. Me comprenez-vous, mon père?

Pierre Manceau baissa la tête : il avait voulu faire le brave contre sa conscience, contre l'affection même que lui inspirait sa fille, mais quand il entendit sa voix faible, quand il vit son visage pâli, une fibre de son cœur retentit, et couvrant son visage de ses deux mains, il pleura.

Agathe se leva toute chancelante et lui jeta les bras au cou :

— Mon père, s'écria-t-elle, mon cher bon père, vous ne recommencerez pas! non, non, car vous me tueriez, et vous ne voulez pas que je meure!

— Vis tranquille, répondit-il à voix basse, cela n'arrivera plus.

V.

Quelques années se passèrent en effet dans une paix relative. Agathe n'avait pas la mobilité d'esprit de beaucoup de domestiques de nos jours, et elle préférait demeurer et vieillir dans la maison où on la traitait avec affection ; sans ambition, elle restait, et avec joie, bonne d'enfants et rien que bonne d'enfants. Jeanne et Marie commençaient, il est vrai, leur éducation chez les Bénédictines du Saint-Sacrement, mais deux petits frères, Joseph et Benjamin, les avaient remplacées dans la sollicitude d'Agathe, et celle-ci, après avoir admiré la douceur et la grâce des deux fillettes, n'admirait pas moins la turbulence et l'excès de vie des deux garçons. Les gages d'Agathe, un peu plus élevés qu'autrefois, subvenaient aux besoins de son père et de sa mère; elle se réservait bien peu de chose, mais quand, le dimanche, elle allait à la grand'messe, avec sa robe de mérinos noir, son petit châle, bien marqué dans ses plis et son bonnet d'une propreté parfaite, elle paraissait mieux mise et plus agréable que ses compagnes, affublées d'une élégance de mauvais aloi. Elle était heureuse, d'ailleurs, la bonne Agathe, heureuse par sa conscience paisible, par l'amitié de ses maîtres, par le sentiment du devoir accompli; ce bonheur intérieur, que tous peuvent posséder, était le seul qui lui fût dévolu, car rien n'était changé dans sa position extérieure. Son père n'était plus retombé, il est vrai, dans des fautes contre la probité; mais le vice affreux auquel il s'était abandonné depuis sa jeunesse, n'avait pas cessé d'exercer sur lui son funeste empire. Il avait descendu peu à peu les marches de la dégradation; jadis, ouvrier employé, recherché même, il s'était vu bien accueilli dans toutes les usines où il allait offrir ses bras; maintenant, il ne travaillait presque plus; sa vie entière se passait au cabaret et il n'en sortait que pour donner aux oisifs de la rue un sujet ou de scandale ou de triste gaieté. Sa fille avait de la peine à se résigner à cette peine toujours nouvelle; la piété, le travail, la présence des enfants joueurs et caressants qui tourbillonnaient autour d'elle, la distrayaient seuls d'un souci sans remède et sans espérance.

Un jour d'hiver, elle travaillait à la couture dans son réduit habituel, où les jouets d'enfants, accumulés, entassés, enlacés, disaient assez quels étaient les compagnons ordinaires de sa solitude. Un fringant cheval à mécanique attendait que son cavalier revînt l'enfourcher; un chemin de fer déraillé implorait le secours du machiniste absent; et un village suisse, culbuté probablement par une avalanche, désirait vivement que le propriétaire vînt remettre sur leurs pieds les jolis châlets, les sapins frisés et les bestiaux épars, jambe de ci, jambe de là. Agathe profitait des dernières lueurs du jour et travaillait sans perdre un instant quand le petit Joseph, tout animé par la course, vint lui dire :

— Ma bonne, votre maman est en bas et elle veut vous voir.

— Mon Dieu, qu'y a-t-il de nouveau? se dit Agathe avec inquiétude. J'y vais, mon petit homme, j'y vais, merci !

— Ah ben ! un nouveau malheur, ma fille ! s'écria la vieille Catherine dès qu'Agathe fut auprès d'elle. Il a encore fait dés siennes aujourd'hui : après avoir passé douze heures au cabaret, il allait, battant les murs, quand des garçons qui sortaient de l'école se sont mis à le suivre et à crier : —Gare au soulaud, gare au soulaud ! Il s'est fâché, il en a attrapé un, l'a battu et jeté par terre... L'enfant est blessé, et le commissaire de police a fait mettre Pierre au violon. On ira devant la justice, tu verras! Il n'a pas été content qu'il ne nous eût menés tous là...

— Que faudrait-il faire pour empêcher cela, ma mère ?

— Je ne sais pas; peut-être que si on parlait aux parents de l'enfant, ils pourraient dire un mot au commissaire, et on relâcherait ce malheureux, quoique la prison ne soit pas trop dure pour lui.

— Oui, ma mère, vous avez raison; je cours demander permission à madame, et j'y vais.

Un quart d'heure après, Agathe était introduite dans un petit bureau, où un homme âgé, de figure sévère, achevait d'écrire une lettre.

— Monsieur, dit-elle timidement, pardon... je suis la fille du pauvre ouvrier qui a eu le malheur de blesser votre enfant.

— Ce n'est pas mon enfant, c'est mon filleul, mais c'est égal.... Qu'est-ce que vous voulez? qu'est-ce que vous demandez?

— Je suis extrêmement affligée, monsieur, du malheur qui est arrivé, mais je viens vous prier en grâce de pardonner à mon père et de ne pas le faire poursuivre... Il est vieux...

— Un vieil ivrogne! un objet de scandale! un brutal qui, sans nulle provocation, car l'enfant passait tranquillement, s'est jeté sur lui, le battant et le heurtant contre le pavé! Vous

vous moquez de moi, mademoiselle, en demandant grâce pour cet être-là !

— Monsieur, c'est mon père, il est malheureux, soyez assez bon pour lui pardonner ! Je vous en aurai une reconnaissance extrême, et même, s'il faut payer quelque chose, je m'acquitterai envers vous par mon travail.

— Je vous prie de me laisser en paix : vous voyez cette lettre que j'achève ? elle est pour le juge d'instruction : je lui dénonce votre père comme un fléau public.

— Monsieur !

Elle fut interrompue : une porte qui donnait dans le bureau venait de s'ouvrir et un jeune garçonnet de treize à quatorze ans apparut sur le seuil : il avait la tête enveloppée de bandes et le bras gauche en écharpe, mais sa figure riante et ouverte n'annonçait pas une vive souffrance.

— Pardon, mon parrain, dit-il, j'ai entendu la conversation et je viens vous prier aussi de faire grâce à ce malheureux homme; je le demande d'autant plus que je reconnais la voix de mademoiselle.

— Mon Dieu, monsieur, dit-elle surprise, vous ai-je jamais vu?

— Je suis grandi, répondit l'adolescent en se redressant, mais ne reconnaissez-vous pas Alfred Romain, à qui vous avez appris ses prières?

— Quoi! c'est vous, monsieur Alfred?

— Vrai, tu connais cette personne? demanda le parrain radouci.

— Oui, oui, c'est une honnête et brave fille, elle m'a appris mon *Pater*, et je serais bien ingrat de ne pas m'en souvenir : *Pardonnez-nous nos offenses*, disons-nous tous les jours. Eh bien! pardonnons, mon bon parrain, je vous en prie, cela me fera tant de plaisir!

— Tu es trop bon, vraiment, dit le parrain encore indécis. Ce misérable méritait une leçon!

— Oui, mais sa fille ne la mérite pas. Donnez-moi la lettre que vous avez écrite, cher parrain.

La lettre fut donnée et jetée au feu, car Alfred était un favori tout-puissant et bienfaisant. Agathe ne put s'empêcher de prendre sa main et de la baiser. Il se mit à rire et lui sauta au cou.

— Vous ne me reconnaissez pas, dit-il avec volubilité, mais moi, je vous aurais reconnue entre mille, Agathe! Vous étiez très-bonne pour moi jadis. Je demeure ici, maintenant, chez mon parrain, qui m'apprend le commerce; Céline est en pension et Julien va à l'école. Vous voyez comme tout est changé!

— Votre bon cœur n'est pas changé, toujours, monsieur Alfred! Merci pour mes parents et pour moi.

— Revenez me voir, Agathe: vous voyez que je ne vous ai pas oubliée, ni le *Pater!*

Pierre Manceau était sauvé encore une fois, mais non corrigé, car les ivrognes ont contre eux un vieux proverbe, et l'expérience nous prouve que le proverbe n'est, souvent, que trop véridique. Pierre Manceau continua à boire et à affliger sa femme et sa fille; il continua à faire des dettes et à causer du scandale, il continua à éprouver la patience et la vertu de sa fille, car, dans l'ordre providentiel, les fautes des pécheurs aident à la purification et à la sanctification des justes. Agathe supporta tout avec une âme résignée et en continuant à prier pour qu'au moins une mort pénitente rachetât les erreurs de cette vie jetée en pâture à la plus vile des passions.

Un soir d'été, une calèche descendait au grand trot une des rues étroites d'Arras. Elle ramenait de la campagne une famille heureuse : des jeunes femmes vêtues de blanc, de beaux enfants à moitié endormis, et par les portières s'échappaient en longues traînées les bouquets cueillis dans les bois. — Gare ! s'écria tout-à-coup le cocher ; gare ! et il essaya, d'une main ferme, d'arrêter l'élan de ses chevaux. Il y réussit en partie : l'attelage resta immobile, mais il était trop tard, le timon avait frappé en pleine poitrine un homme qui traversait, trébuchant, la rue tortueuse ; il était tombé devant les chevaux et ceux-ci, avec l'admirable instinct de leur race, ne remuaient pas, et regardaient fixement ce corps immobile et sanglant. Le domestique descendit de son siége, une des dames sauta à terre, on releva le malheureux, évanoui, blessé à mort, et une voix, sortie de la foule accourue, dit :

— C'est Pierre Manceau, le vieil ivrogne !

Il fut porté à l'hôpital, et la pauvre Agathe, prévenue aussitôt, accourut auprès de lui. Il la reconnut et secoua tristement la tête :

—Je devais finir comme cela ! dit-il, mais c'est une vilaine mort, et j'en suis bien fâché pour toi, ma fille.

— Mon père, lui dit-elle en l'embrassant, n'aurez-vous pas une bonne pensée pour Dieu? il vous attend, mon cher père, ne voulez-vous pas vous préparer à l'aller trouver ?

Il la regarda, et la raison, si souvent éclipsée durant sa vie, se peignait dans ses yeux mourants :

— Amène l'aumônier! dit-il.

Cette âme, qui s'était oubliée elle-même, retrouva une lueur d'énergie et de volonté, et un profond repentir accompagna l'aveu de ses fautes.

— Je suis un misérable! répétait le pauvre homme; j'ai rendu ma femme et ma fille misérables aussi; est-ce que Dieu pourra jamais me pardonner?...

L'absolution descendit sur sa tête, le sang de Jésus-Christ lava son âme, et Agathe, heureuse d'un bonheur qui n'est pas de ce monde, reçut la bénédiction de son père mourant et réconcilié avec les autres et avec lui-même.

Pierre Manceau mourut deux jours après.

Agathe, effrayée par l'exemple de sa mère, ne s'est pas mariée; elle n'a pas quitté non plus madame d'Archambault, qui apprécie son dévouement et son expérience, et la vieille Catherine, logée dans une bonne chambre près de la maison de sa fille, soignée, aimée par Agathe, goûte un bonheur que jamais elle n'avait connu. Le long combat est fini, et déjà la paix et l'amour sont pour elles les prémices d'une meilleure vie.

MARCELLE

I.

La pauvreté et la dépendance, choses
tristes en elles-mêmes et dont la foi seule
peut adoucir l'âpreté, sont plus tristes encore en nos temps modernes, où l'esprit
d'orgueil et l'amour du bien-être règnent
dans toutes les classes et dominent même,
sans qu'elles le sachent, par la seule force de
la sphère ambiante, des âmes qui connaissent pourtant la valeur des vertus évangé-
liques. Il est difficile d'être pauvre et satisfait en sa pauvreté quand autour de vous
tout aspire à la richesse; de consentir à se
voir dédaigné quand tous aspirent à paraître; de dépendre quand tous aspirent à

commander! En des temps meilleurs, lorsque, en dépit des mœurs rudes et barbares, l'esprit chrétien régnait parmi les hommes, la pauvreté, semble-t-il, était douce, et, à coup sûr, elle était honorée; elle avait son rang dans le monde; un roi de France déclarait, au milieu des périls d'une bataille, ne pas vouloir se sauver alors que les pauvres de Jésus-Christ périssaient; d'autres rois, des reines servaient à genoux ces pauvres bien-aimés; saint Louis demandait à sa sœur Isabelle, comme un gage d'amour fraternel, le chaperon que ses doigts avaient cousu; elle le refusait parce que son travail avait une plus haute destination : elle l'avait fait pour un pauvre. Les saints appelaient les pauvres *leurs seigneurs* et s'estimaient heureux de les servir toute leur vie; tout cela, c'était le pur esprit de l'Évangile, et la pauvreté comprise, caressée, estimée par ceux qui savaient que Jésus-Christ était venu pauvre parmi nous, devait être en grande partie dépouillée de son amertume. Aujourd'hui, grande est la différence, j'en appelle

aux pauvres et aux riches! Cependant, l'É-
vangile est toujours le même et dit comme
autrefois aux uns : — N'enviez pas! aux
autres : — Soyez charitables! il est donc le
trait-d'union fraternel qui relie entre elles
les branches diverses de la postérité d'Adam.

Si vous voyez un être faible et pauvre,
qui paraît cependant satisfait de son sort et
qui sait regarder au-delà de ce monde, soyez
sûr qu'il est nourri du suc mystérieux de
l'Évangile, miel trouvé dans la gueule du
lion, douceur et force à la fois! Ces êtres-là
sont rares, je l'avoue, mais encore s'en trouve-
t-il quelques-uns qui ne permettent pas à la
prescription de s'établir.

Et Marcelle, l'héroïne de ce court récit,
était de ce nombre.

Elle était très-peu de chose aux yeux du
monde; rien, au-dehors, ne la distinguait de
ces tribus, de ces myriades de créatures humaines qui cheminent obscurément du berceau à la tombe, qui vont d'une enfance sans
soleil, par une vie de labeurs, vers un cercueil délaissé; rien de marquant dans son

existence, pas même le malheur; celui dont
elle subit l'étreinte dès ses jeunes années,
n'avait rien que d'ordinaire et de commun.
Marcelle était, non demoiselle de magasin,
mais fille de boutique chez un marchand de
toiles; elle n'était connue que des pratiques
de la maison et des habitants de son humble
bourg lorrain, peu connu lui-même et à
peine indiqué sur les cartes. Rien de plus
ordinaire que son existence; à vingt-quatre
ans, elle s'était trouvée seule au monde;
son père, qui cumulait au bourg de C... les
fonctions plus honorables que rétribuées de
maître d'école et de bedeau, était allé occuper
sa place dans le cimetière verdoyant, au
penchant de la colline, et il reposait, à côté
de sa femme, sous une croix de pierre des
Vosges; le frère de Marcelle était mort à
l'assaut de Constantine; son unique sœur,
mariée à un arquebusier de Plombières, avait
assez de peine à soutenir une nombreuse famille avec le produit des pistolets, des fusils
et des canons en miniature qu'en été elle
vendait aux baigneurs; elle ne pouvait pas

s'occuper de sa sœur cadette, et celle-ci, seule dans la maison d'école, entendant les voisines lui répéter le mot triste : — Il faut vivre ! n'avait pas eu d'autre ressource que d'aller offrir ses services au marchand de toiles du bourg. Elle était jeune, active, intelligente, elle lisait bien, son écriture était belle, elle calculait rapidement, elle demandait peu de chose; on l'accepta.

Jusqu'alors sa vie n'avait pas été brillante, mais elle avait dû aux affections de la famille des heures de joie; quand le soir, elle causait avec son père, assis tous deux sous les merisiers du jardin, quand ils recevaient une lettre du jeune soldat qu'ils espéraient bien voir revenir d'Afrique avec l'épaulette d'or, quand elle vaquait même à son ménage, pauvre, mais libre, Marcelle n'enviait rien, et à mesure que ce bonheur s'enfonça dans le passé, il lui apparut de plus en plus lumineux, comme ces petites étoiles qui paraissent éblouissantes quand tout le ciel est couvert d'ombres. La félicité passée, composée d'amitié et d'indépendance, paraissait d'autant plus vive et plus réelle que l'heure présente était aride, que l'indifférence avait succédé à la tendresse et l'esclavage à la liberté. M. et Mme Bouchot, les marchands de toiles, tout occupés de leurs affaires, ne se doutaient guères que Marcelle pouvait être malheureuse : ils ne la rudoyaient pas, ils la faisaient manger avec eux à leur table, ils lui laissaient le temps d'aller, le dimanche, à une messe basse ; que pouvait-elle demander de plus ? Hélas ! elle demandait la nourriture de l'âme, un témoignage d'amitié, de sympathie, un *qu'avez-vous donc ?* affectueux, un peu de loisir pour prier, pour lire, pour se recueillir ; le corps lui-même réclamait un labeur moins assidu et quelques heures dans la semaine qui ne fussent pas consacrées à la vente, à l'arrangement de la boutique ou à la tenue des livres. Mais comment M. Bouchot et sa femme se seraient-ils doutés que ce travail constant, sans répit et sans repos, pût fatiguer leur auxiliaire, puisqu'ils le bravaient eux-mêmes et qu'ils ne s'accordaient ni trêve ni vacances ? Il est rrai qu'ils étaient soutenus par l'amour du gain, par la réussite et par le violent et paternel désir d'assurer à leur fille unique un riant avenir. Ils supportaient leur esclavage derrière un comptoir, parce qu'il était volontaire et parce qu'il devait profiter à un être chéri, deux motifs qui doraient leur chaîne et qui manquaient absolument à Marcelle. Elle travaillait du matin au soir pour faire à ses patrons un bel inventaire, et jamais, même aux fins d'années les plus prospères, on ne parlait d'augmenter d'un centime ses maigres appointements; elle travaillait, elle veillait, elle se fatiguait, et jamais le sourire d'une bouche aimée ne venait la récompenser, jamais même un mot d'éloge ne venait stimuler son courage et l'associer aux destinées de ceux à côté de qui elle vivait.

Elle se résignait pourtant. Les souvenirs d'une sainte mère, les exemples d'un père fidèle en sa foi avaient, de bonne heure, fortifié son âme; elle savait vouloir ce que Dieu voulait et unir aux mystérieux décrets divins l'holocauste de sa propre volonté.

Mais elle souffrait néanmoins : la solitude du cœur, l'indifférent et naïf égoïsme de M. Bouchot et sa femme, l'étroite pauvreté, lui faisaient sentir leurs épines. Et à ces peines, inséparables de sa position et plus vives encore pour une âme délicate, s'en joignait une autre que des cœurs purs comme le sien pourront seuls comprendre. Marcelle était belle ; elle possédait la double beauté, celle que donne le contour exquis des traits, la pureté du teint, l'éclat des yeux, et celle qui naît d'une expression d'intelligence, de modestie et de bonté. Mais ce charme qui vient de l'âme, ce voile de candeur ne suffisaient pas à la défendre des regards curieux, des paroles hardies, des flatteries outrageantes qui venaient à chaque instant l'assaillir. Les jeunes gens du bourg, les chalands étrangers, et surtout, surtout, l'impitoyable race des commis-voyageurs, brûlaient devant elle un encens impur qui faisait rougir son front et contristait son cœur. Et personne ne la préservait de ces hommages grossiers, ni une mère vigilante, lui un père jaloux de l'honneur de sa fille : elle n'avait d'autres armes pour se défendre que son silence, ses yeux baissés et la fierté virginale avec laquelle elle se détournait des galanteries de ces messieurs. Madame Bouchot ne songeait même pas à la protéger ; elle trouvait, au contraire, que la beauté de Marcelle achalandait sa boutique, et elle lui disait quelquefois :

— Pourquoi faites-vous des airs de victime parce que M. Arsène vous dit deux mots? Une honnête fille n'est pas morte pour entendre cela.

— Peut-être, répondait Marcelle avec tristesse; mais je n'aime pas ces sottes plaisanteries, elles me choquent et mon père m'avait appris à les mépriser.

— Faut pas être si délicate !

— Ah! madame, s'il s'agissait de votre fille, s'il s'agissait de Victorine, vous ne parleriez pas ainsi ! je sais bien que ces propos ne blessent pas ma conscience, mais ils pourraient ternir ma réputation, et j'ai le droit d'y tenir, enfin!

La conscience et la réputation! c'étaient là
en effet les seuls trésors de la pauvre Marcelle, et elle y tenait avec toute l'ardeur de
son âme. Vivre pure sous le regard de Dieu,
lui apporter un cœur que jamais l'ombre d'une
pensée mauvaise n'aurait souillé, n'aimer que
lui, le regarder comme l'unique ami, comme
le fiancé de choix qui consolait les épreuves
de sa vie, vivre pure aux yeux des hommes,
emporter au tombeau la couronne blanche des
vierges, exhaler autour de soi le parfum d'une
renommée sans tache; tels étaient les vœux
innocents de son âme et la seule part de bonheur qu'elle eût désirée sur la terre. Et c'était
autour de ce lis que bourdonnaient les fre-
lons impurs!

II.

Pourtant, même en Sibérie, le soleil brille parfois et fait éclore, à sa chaleur, quelques fleurs timides, de même dans cette existence attristée il y avait quelques jours riants. C'étaient les jours qui ramenaient à B... la petite pensionnaire Victorine ; jours de vacances qui mettaient en liberté, hors de la pieuse volière, les petits oiseaux joueurs. Victorine, enfant de douze ans, vive et bonne, s'était prise de grande amitié pour Marcelle ; elle l'admirait avec cette faculté d'enthousiasme que les très-jeunes filles éprouvent parfois, durant un court moment, pour les femmes plus âgées ; elle la trouvait belle, elle aimait sa démarche élégante et modeste ; penchée près d'elle, au comptoir, elle suivait sa plume agile et régulière ; et il lui semblait même que Marcelle, qui avait lu avec son père quelques bons livres, surpassait en science toutes les religieuses de son couvent. Pendant les jours que Victorine passait auprès de ses parents, le joug qui pesait sur Marcelle s'allégeait ; l'emploi du temps devenait moins inflexible ; elle se promenaient ensemble ; M. et madame Bouchot trouvaient bon que Marcelle conduisît leur fille chez d'anciens amis où les attendait un goûter de laitage et de fruits, et Victorine voulant procurer un grand bonheur à son amie, demandait tous les matins la permission d'aller à la messe, et s'y faisait accompagner par Marcelle. Les priviléges de l'enfant gâtée profitaient à la piété de la jeune fille, et pendant dix mois, celle-ci rêvait à ces douces vacances qui lui apportaient comme une chaude brise, des parfums d'amitié, de foi et de liberté. Elle était si sevrée d'affection que cette tendresse d'enfant lui semblait un bien inestimable et qu'elle en ressentait une reconnaissance dont Victorine elle-même eût été surprise.

A seize ans, la petite pensionnaire quitta définitivement son couvent de Toul, et après quelques semaines données au repos, elle prit place au comptoir sous la direction de Marcelle. La pauvre fille de boutique se crut heureuse à jamais; son âme dilatée s'était reprise à aimer sous l'influence de cette généreuse amitié que l'enfant lui avait prodiguée, et elle se disait que le travail désormais paraîtrait riant, la servitude aimable, la pauvreté sans amertume, pourvu que ce cœur, ami et sincère, restât fidèle au sien. Les premiers mois furent paisibles; Victorine, qui avait goûté à satiété de la vie de pensionnaire, était toute joyeuse de se voir grande fille, libre et d'habiter chez ses parents, dont elle était l'idole, à côté de Marcelle qui la couvait des yeux. Jouer à la marchande l'amusa; mais, au bout de quelques semaines, le bourg lui parut un peu triste, la rue monotone, la boutique paternelle ennuyeuse et sombre! toujours la même chose! mêmes occupations!

mêmes devoirs! mêmes visages! Voilà huit
heures : l'employé du percepteur passe....
neuf heures, on entend le trot de la vieille
jument du médecin... onze heures, M. le curé
va se promener au soleil tout en disant son
bréviaire; midi, les jeunes filles de l'ouvroir
sortent, et les ouvriers vont dîner... on sait
à point nommé l'emploi des heures de chacun :
rien n'est laissé à l'imprévu et les conversations qui ont lieu dans la boutique, entre
madame Bouchôt et ses pratiques, ont le
même cachet d'inévitable monotonie. Le prix
du beurre, celui du pain, les mariages an-
noncés au prône, la maladie d'une voisine,
la mort d'un petit enfant, en font les frais;
un peu de médisance est le sel qui les assai-
sonne, et bientôt Victorine sut par cœur le
bourg et ses habitants, les promeneurs et les
causeurs. Un profond ennui la saisit; elle
regardait avec des yeux mornes les murs de
la boutique, les piles de pièces de toile, les
rayons de chêne qui pliaient sous le poids
des calicots, des piqués, des mousselines et
des *articles nouveautés*, et elle semblait de-

mander aux pavés de la rue, aux poutres du plafond, aux vieux registres reliés en parchemin un remède contre ce mal dont elle était assiégée. Marcelle s'efforçait de l'égayer, mais Marcelle ne réussissait plus. Elle l'observa d'abord avec une inquiétude vague, puis avec une angoisse réelle et croissante. Elle étudiait ce jeune visage dont elle avait suivi avec amour les heureux développements, elle connaissait le moindre pli du front; l'expression fugitive des yeux, un geste, un mouvement prenaient un langage pour elle, et lui disaient : — L'enfant que tu aimes est troublée; elle ne s'ennuie plus peut-être, mais elle rêve... Vois! elle rougit quand un certain pas jeune et vif retentit dans la rue solitaire... elle baisse la tête quand un regard audacieux qui veut être persuasif se glisse vers elle à travers les vitrages de la vieille boutique... Veille sur elle! toi qui sais le prix de la pureté du cœur, veille!

III.

Un soir, ou plutôt une nuit, car depuis
'ongtemps le bourg de B... était plongé dans
la tranquillité nocturne, Marcelle veillait
encore dans sa chambrette située au plus
haut de la maison. Selon son habitude, elle
avait fait ce que l'on appelle l'*Heure sainte*,
elle avait prié, en union avec Notre-Seigneur au Jardin des Olives, de onze heures
à minuit; car elle se dédommageait le soir
et durant les heures paisibles dé la nuit, de
la contrainte du jour, et ne pouvant épan-
cher son cœur au pied de l'autel, elle le ver-
sait en prières et en adorations, devant le
Dieu invisible et présent, à l'heure où tous
reposaient autour d'elle. Sa longue prière
terminée, elle s'approcha de la fenêtre en

levant les yeux vers le beau ciel constellé.
La lune dans tout son éclat répandait une
lumière blanche et limpide qui permettait de
distinguer jusqu'aux nuances du feuillage et
le calme profond de l'air laissait percevoir le
faible bruissement des branches soulevées par
le vent et la voix de cristal d'un ruisseau
qui descendait d'une colline lointaine. Marcelle jouit en silence de ces beautés que la
nuit révèle et qui ont si peu d'admirateurs,
car on ne veille guère que dans les villes, et
ce n'est pas pour admirer

La tremblante clarté qui tombe des étoiles;

elle élevait son âme vers Dieu, car toutes
choses, peines ou joies, la ramenaient invinci-
blement vers son unique ami, quand un léger
bruit dans le jardin attira soudain son attention. Ce jardin, peu ombragé, consacré aux
fleurs et aux légumes, s'étendait sous ses fenêtres, et il lui avait semblé, dans la tranquillité absolue qui donnait un retentisse-
ment formidable aux moindres bruits, que le
gravier d'une allée avait crié sous un pied

furtif. Elle se pencha en dehors de sa fenêtre, et regarda.

La lune illuminait les parterres; Marcelle les parcourut des yeux... et son cœur cessa de battre. Au bout du jardin, près de la porte ouverte qui donnait sur une rue peu habitée, elle avait vu deux ombres, l'une en dehors, l'autre au dedans, sur le seuil; cette dernière mince, élancée, et le profil de sa tête se dessinant en noir sur le mur, Marcelle reconnut les boucles longues et flottantes de Victorine, ainsi que sa robe de percale rayée de bleu et de blanc. C'était elle, elle, qui, au milieu de la nuit, parlait, au bas du jardin, à l'homme dont le regard et le pas la faisaient rougir...

Marcelle n'eut qu'une pensée: la sauver... et sans hésiter, elle se glissa hors de sa chambre, descendit l'escalier comme une ombre, traversa le jardin, sans que Victorine l'entendît, et arrivant auprès d'elle, elle lui dit :

— Victorine, ma pauvre, ma chère nfant, rentrez, je vous en conjure !

A cette voix basse et suppliante, l'homme
recula ; Victorine, tremblante, allait parler,
quand un bruit se fit entendre, et M. Bouchot parut à son tour dans l'allée principale
du jardin. Une rumeur à peine distincte
l'avait éveillé; il accourait, demi-vêtu, un
vieux fusil à la main, et croyant trouver
des maraudeurs autour de ses beaux espa-
liers. Sa femme, à la fenêtre, criait : *Au
voleur !*

— Sauve-toi, Victorine, dit Marcelle à
voix basse; rentre à la maison par le
bûcher.

Elle la poussa rapidement sous un couvert
de sorbiers qui déguisait l'aspect du hangar
où l'on renfermait le bois pour l'hiver. Or,
ce bûcher avait une entrée particulière dans
la maison. Victorine disparut, et Marcelle
resta seule, livrée aux soupçons et aux ou-
trages. M. Bouchot arrivait sur elle; la vue
de la porte ouverte, le bruit des pas d'homme
sur le pavé de la rue, l'attitude même de
Marcelle, tout justifiait sa colère :

— C'est donc vous, s'écria-t-il, qui

donnez des rendez-vous au clair de lune! Si
je ne le voyais de mes yeux, je ne le croirais
pas! C'est trop fort aussi, dans une maison
respectable, à deux pas d'une jeune fille innocente, vous osez!... Je ne sais ce qui me
tient que je ne vous jette à la porte!

— Ah! monsieur! s'écria Marcelle, n'a-
meutez pas les voisins!...

Elle parlait trop tard; les cris frénétiques
de madame Bouchot avaient rassemblé les
rares habitants de la rue; une voisine, le
poing sur la hanche, dit d'un ton capable et
satisfait :

— J'ai vu le galant, il s'enfuyait à toutes
jambes! mais je l'ai reconnu tout de même;
c'est le fils du médecin, ce godelureau qui
étudie à Paris.

— Voilà les saintes filles, les dévotes qui
ne veulent pas qu'un homme leur adresse la
parole en plein jour! Pires que les autres, je
l'ai toujours pensé! s'écria madame Bouchot
qui avait rejoint le groupe.

Marcelle, debout comme une victime entre
ses bourreaux, endurait, le front pâle et les

yeux baissés, ce flot d'injures et de moqueries ; elle laissait fouler aux pieds, jeter dans
la boue, couvrir de la fange des soupçons, ce
qu'elle avait estimé jusqu'alors presqu'à
l'égal de la pureté de son âme : la pureté
de son nom. Elle payait sa dette à l'enfant
qui l'avait aimée.

— Rentrez ! dit enfin madame Bouchot,
et je vas vous enfermer dans votre chambre
dorénavant. Est-ce croyable ! une fille de
vingt-huit ans !

— Et tu défendras à ta fille de lui parler,
ajouta le marchand, je tiens à la réputation
de Victorine, moi !

— Et moi ! se dit Marcelle.

On rentra, et en passant devant la porte
de Victorine, sa mère ouvrit et jeta un coup-
d'œil dans la chambre, puis, elle dit d'une
voix attendrie :

— Elle dort comme un enfant, pauvre
petite! je la vois à la clarté de la lune. Elle
ne joue pas la dévote, elle, c'est un auge
véritable !

Victorine ne dormait pas : elle pleurait

sur son oreiller, et ses larmes et sa confusion commençaient à racheter sa faute.

Le lendemain, elle ne put parler à Marcelle; on veillait sur elles. La pauvre fille de boutique fut rivée tout le jour à sa tâche accoutumée, sous les yeux inquisiteurs des commères de B... qui venaient jouir de son embarras. La vente alla à merveille ce jour-là : il n'était ménagère qui n'eût besoin d'un aunage de toile; il n'était fils de bonne mère qui n'eût besoin d'une demi-douzaine de mouchoirs. Marcelle demeura impassible, quoique profondément triste; ces injures, même imméritées, pesaient sur son cœur, et elle se disait qu'innocente, elle n'oserait cependant plus lever la tête devant les hommes. Mais Victorine, si jeune, si ignorante, Victorine qui pouvait être heureuse, Victorine qui pouvait servir Dieu dans les pleurs d'un repentir caché, Victorine était heureuse, tout était bien.

Quelques jours après, en dépit de la surveillance que M. et Madame Bouchot exerçaient sur elles, elles se trouvèrent seules un instant, sous cette allée de sorbiers qui avait caché la fuite de Victorine. Elle se jeta, tout en larmes, au cou de Marcelle et s'écria :

— Merci ! merci ! que vous êtes bonne ! mais vous avez de la peine, je le vois bien ; on est si mal pour vous, chère amie! si vous voulez, je dirai tout.

Marcelle la serra fortement sur sa poitrine, et lui dit tout bas :

— Je vous le défends, Victorine! je puis souffrir, j'y suis habituée, mais si on savait ce qui s'est passé, vous souffririez beaucoup; vous feriez une grande peine à votre père et à votre mère, et votre avenir serait perdu. Promettez-moi une seule chose?

— Oh ! dites !

— Eh bien ! soyez plus réfléchie, ma chère enfant, gardez votre cœur pour celui qui sera votre mari, et priez Dieu afin qu'il fasse de vous une bonne chrétienne.

— Comme vous! répondit Victorine en la couvrant de baisers et de larmes. Oh! que ne me suis-je confiée à vous, quand il m'a demandé une entrevue ! vous m'auriez si bien conseillée !

Le secret fut gardé, et nul ne soupçonna ce qui s'était passé. Le fils du médecin, trouvant assez ridicule le rôle qu'il avait joué, ne parla point et retourna à Paris, où il est encore, étudiant de vingtième année. Tout le monde crut que la belle Marcelle avait conçu pour lui une passion violente ; les beaux diseurs de B... brodèrent là-dessus des histoires romanesques ; ils parlèrent de la *Femme de trente ans*, dont le renom était arrivé jusqu'au fond des Vosges ; les commères, avides de scandales, ne se contentèrent pas de la poésie de l'aventure ; l'entrevue furtive au clair de lune n'en disait pas assez et leur féconde imagination inventa des détails compromettants ; Marcelle entendit ou devina tout, et souffrit en silence, se bornant quelquefois à dire à son confesseur qui la consolait : — J'aimais trop la bonne renommée ; le Seigneur qui sait ce qu'il nous faut, m'en a détachée.

Victorine trouva un jour, dans la chambre

do son amie, la *Vie des Pères du Désert,*
ouverte au chapitre de *sainte Marine ;* cette
jeune recluse qui fut l'objet des plus noires
calomnies et qui, pour l'amour de Jésus ou-
tragé, endura tout en paix et en priant pour
ses ennemis.

Elle était devenue sérieuse aussi, Victorine ; l'étourderie de l'adolescence avait fait
place à une certaine gravité qui inspirait le
respect ; elle ressemblait à Marcelle dans sa
jeunesse, et, comme elle, Victorine aimait
le travail et la prière. La surveillance maternelle s'étant un peu relâchée, Victorine
obtint la permission d'accompagner son amie
à l'église, et les voisines judicieuses disaient
en les voyant passer toutes deux :

— Voilà Marcelle convertie pour tout de
bon ; c'est la gentille Victorine qui a fait
cela : elle a été si bien élevée !

IV.

Plusieurs années s'étaient écoulées, et Victorine, dont la conduite digne et sage avait réparé un périlleux enfantillage, s'était mariée à un brave jeune homme, qui dirigeait une grande ferme non loin de B..... Quand elle eut quitté la maison paternelle, Marcelle se sentit allanguie et triste ; le seul intérêt, l'unique affection qu'elle eût sur la terre, n'existaient plus pour elle, et de quelque courage qu'elle fût douée, ses forces physiques, depuis longtemps minées, succombèrent. Une fièvre lente, résultat des doubles épreuves de l'âme et du corps, s'empara d'elle, et après quelques semaines de

lutte, elle ne put plus quitter sa chambre.
Madame Bouchot la soignait à ses moments
perdus, c'est-à-dire peu et mal, et la pauvre
fille comprenait très-bien qu'elle était une
charge pour ceux à qui elle avait prodigué sa
jeunesse et ses forces. Cette pensée amère,
la pensée redoutable de l'avenir, de l'iso-
lement, de la pauvreté l'attristaient, mais
pourtant, dans le fond de son âme, régnaient
le calme et l'abandon des enfants de Dieu.

— Ce que Dieu voudra ! disait-elle à son
confesseur ; il est si doux de s'abandonner
entre ses mains ! Si je suis de trop ici-bas,
eh bien ! il me prendra dans son paradis...

Cependant, le mal croissait ; elle gardait
le lit, et, aux moments où la fièvre ne l'atteignait pas, elle relisait ses *Pères des Déserts*, amis silencieux de sa solitude. Un jour
qu'elle était seule ainsi et qu'un certain
ennui, né de la longueur des jours, accablait
son âme, une voix qui prononçait son nom
la fit tressaillir. La porte s'ouvrit, et Victorine, suivie de son jeune mari, entra et courut
vers Marcelle, que sa présence ranimait.

— Chère amie, je n'ai appris que hier au soir que vous étiez malade! et ce matin, avant l'aube, Edmond a fait atteler le chariot, et nous sommes venus! nous voilà!

— Je suis si heureuse de vous voir! répondit Marcelle d'une voix faible et en serrant de sa faible main les mains qui se tendaient vers elle. C'est trop de bonté!

— Trop de bonté! s'écria Victorine avec feu, trop de bonté, moi qui vous dois tant! Allez! j'ai tout conté à Edmond, ma sottise d'autrefois, mon étourderie, mon enfantillage qui devait me perdre, si vous ne m'aviez sauvée, et à quel prix!

La pauvre Marcelle rougit et dit à Edmond :

— Ce n'était qu'un enfantillage, monsieur...

— Je le sais, mademoiselle, répondit le jeune fermier, et j'aime et j'estime Victorine de toute mon âme, surtout depuis que je vois la reconnaissance qu'elle éprouve envers vous.

— Je suis libre de la témoigner maintenant, répondit Victorine ; mais il faut que vous m'aimiez assez pour m'obéir.

— Quoi? demanda Marcelle timidement.

— Vous allez venir avec nous, à la ferme, il y a un bon matelas dans le chariot; vous vous laisserez soigner, dorloter, vous m'obéirez en tout, vous boirez du lait d'ânesse, vous mangerez des œufs frais, et puis...

— Et puis?

— Vous ne nous quitterez plus jamais; vous m'aiderez à élever le petit enfant que j'attends; et puis, si vous voulez, vous tiendrez les comptes de la ferme : vous écrivez si bien !

— C'est entendu, ajouta Edmond, mademoiselle Marcelle est à nous pour toujours !

Marcelle pleurait, mais que ses larmes étaient salutaires et bonnes !

— Pour toujours sur la terre, dit-elle, ce ne sera peut-être pas bien longtemps, mais pour toujours au ciel !

LE TEMPS PASSÉ

A dix lieues à la ronde, on n'aurait pas trouvé, même chez un doyen de canton, un presbytère mieux tenu que celui de C....y, près de Douai. Ce n'était cependant qu'une humble maison basse, couverte de vigne, entourée d'un jardin où les légumes vivaient en bonne intelligence avec les fleurs ; le jardin n'était séparé du cimetière que par une petite muraille, au-dessus de laquelle on voyait les croix noires et moussues des ancêtres du village ; un sentier bien net et bien battu conduisait à l'église, étroite, ancienne et pauvre, dépouillée par la Révolution de ses modestes ornements. Le clocher jetait son ombre sur le presbytère, tout ce petit

coin de paysage avait un aspect mélancolique ; pourtant, lorsque s'ouvrait la maison
curiale, on avait le cœur réjoui, rien que de
voir les murs blancs comme la neige, les carreaux rouges et brillants, les vitres claires,
les rideaux d'une netteté incomparable, les
cuivres étincelants, la symétrie des meubles,
les vieilles images de saints dans leurs cadres
noirs, l'arrangement des fleurs champêtres,
des giroflées et des résédas qui se groupaient
dans tous les angles et répandaient dans la
maison leurs parfums pénétrants. C'est que
la propreté, si elle est une demi-vertu, est
aussi un demi-bonheur, et il est difficile de
concevoir une joie, une félicité quelconque,
s'épanouissant au milieu de l'incurie et du
désordre ; et, en admirant cet intérieur net,
rangé, élégant dans sa pauvreté, poétique
dans sa rurale simplicité, on s'étonnait, car
tout ce bien-être harmonieux était dû à une
vieille domestique, que le curé de C....y avait
amenée avec lui, dix ans auparavant, lorsqu'il
était venu prendre possession de sa paroisse.

Aldegonde avait plus de soixante ans ; son costume, l'expression de son visage même semblaient appartenir à un temps reculé, car la physionomie générale change et se transforme avec les mœurs et les idées. Où trouverait-on aujourd'hui ces figures recueillies, humbles et simples qui ont posé devant Hemling ou Jean Van Eyck ?...

Aldegonde n'avait rien du temps actuel (cet *actuel* remonte à environ quarante ans, car elle était servante du curé de C....y vers 1825) ; elle paraissait appartenir aux meilleures années du XVIIIe siècle, et retraçait tout-à-fait l'image des domestiques affidées, dévouées et modestes que possédaient nos heureuses grand'mères.

Son habillement était ancien comme ses manières : on ne la voyait jamais autrement vêtue que d'un casaquin d'indienne brune ou lilas, bien serré sur sa taille maigre, et dont les basques retombaient en petits plis sur une jupe noire faite d'une vieille étoffe rayée que l'on appelait *calmande*. Un mouchoir d'indienne à fond clair était attaché sur sa poitrine, son bonnet de mousseline, toujours d'une blancheur éblouissante, ceignait exactement son front et cachait ses cheveux ; la dentelle à gros tuyaux battait ses tempes et jetait une ombre sur son visage pâle, régulier et tout couvert d'un réseau de rides fines qui accusaient le travail, les années et les soucis. Son attitude était réservée, son visage sérieux, mais ses yeux bruns avaient une grande expression de douceur qui s'accordait avec la bonté peinte en sa bouche aux bonnes lèvres plissées et souvent détendues par un sourire approbatif ; toute son attitude montrait des habitudes d'activité que l'âge n'avait pu détruire. Levée au chant du coq, avant l'*Angelus*, elle allumait le feu et faisait bouillir l'eau ; dès que la messe tintait, elle jetait sur ses épaules sa pelisse noire et courait à l'église où souvent, hélas ! elle était seule, seule avec le célébrant et le vieux sacristain ; à son retour, elle nettoyait, frottait, fourbissait, portait la pâtée au chien, le grain aux poules blanches, les miettes de pain de la veille aux pigeons, donnait un

coup d'œil au feu, préparait le déjeûner de
son maître, et, quand il était rentré, elle vaquait à de plus grands travaux. En dépit de
l'âge, elle faisait la lessive, rinçait le linge,
l'étendait sur l'herbe et le repassait d'une
main encore habile ; le potager était son do-
maine, elle le cultivait et le moissonnait ; on
la voyait aller chercher le cerfeuil, les pois
verts, la salade pour le dîner de son maître ;
et pendant que le repas, bon et frugal, chantait sur le feu sa petite musique, elle, infati-
gable, cousait ou tricotait, l'été, à la fenêtre,
l'hiver, près du foyer. Chaque minute, la
sonnette de la porte d'entrée la dérangeait ;
une pauvre veuve demandait un secours, on
venait chercher monsieur le curé pour un
malade, un mendiant étranger sollicitait un
morceau de pain, l'enfant de chœur venait
réciter sa leçon de latin, le sacristain venait
s'entendre avec le curé pour un baptême ou
un mariage, bref, Aldegonde ne connaissait
guère le repos, excepté le soir, quand, le salut
dit et le dernier *Angelus* sonné, elle filait dans
sa cuisine, tandis que monsieur le curé réci-

qait matines et laudes du lendemain. C'était
au murmure de la quenouille que finissait
sa laborieuse journée, et, tout en filant, elle
disait le chapelet. Il est vrai qu'elle priait
toujours, en allant, en venant, en épluchant
ses herbes, en tordant le linge, en balayant,
en cousant, les *Ave Maria* tombaient de ses
lèvres comme les perles et les diamants tombent, dans les contes de fées, des lèvres de la
jeune fille compatissante.

A côté de sa rare activité et de sa piété
fervente, Aldegonde se distinguait par un
autre sentiment, son respect profond pour
son maître, mêlé à je ne sais quoi d'affectueux et de maternel, qui semblait attester
entre eux une longue habitude et une com-
munauté de souvenirs. Monsieur le curé y répondait gravement, comme il faisait toute
chose, mais avec une douceur qui ne s'alté-
rait jamais ; et, quoiqu'il parlât peu à Aldegonde, les gens doués d'un certain esprit
d'observation, remarquaient que son accent,
ses manières, alors qu'il s'adressait à elle,
étaient plutôt d'un parent, d'un ami, que

d'un maître, et qu'il paraissait lui rendre en amitié reconnaissante toute la vénération qu'elle lui témoignait.

Un jeune ami, admis dans l'intimité du presbytère, se hasarda un jour à exprimer tout haut ces remarques :

— Elle vous paraît bien dévouée, dit-il en suivant des yeux la vieille servante occupée, dans le jardin, à cueillir les groseilles destinées aux confitures, confitures exquises que les malades et les petits enfants de la paroisse appréciaient particulièrement.

— Oh! oui, répondit le curé, elle m'a porté, enfant, dans ses bras, et je ne me souviens pas d'un seul jour où elle n'ait donné quelque preuve d'attachement à moi ou aux miens.

— C'est précieux et rare.

— Oui, et je pense souvent, en la voyant, à ces paroles de la sainte Écriture : *Si tu as un serviteur fidèle, traite-le comme un frère* [1].

____

1. *Ecclésiastique*

— Ce mot peut-il s'appliquer aux serviteurs, aux servantes de nos jours? dit le jeune homme en riant ; nous ne sommes plus au temps des Patriarches, monsieur le curé, et si j'en crois les gémissements de ma bonne mère et de mes sœurs, jamais il n'y eut rien de moins fraternel que le service des gens à gages de nos jours.

— Cela se peut, répondit le curé ; l'irréligion, l'oubli de Dieu, l'ignorance des devoirs propres à chaque condition, ont porté leurs fruits, mais ma pauvre Aldegonde est d'un autre temps.

— Mais qu'a-t-elle donc fait de si extraordinaire?

— Elle a ennobli la servitude en se dévouant, grand et rare secret des âmes chrétiennes. Le roi Jean de Bohême, mort si vaillamment aux champs de Crécy, avait pour devise les mots : *Je sers!* C'est le cri des cœurs qui connaissent Dieu. *Je sers!* dit le successeur de Pierre, celui qui s'appelle le *serviteur des serviteurs de Dieu!* je sers, car je veille sur tous! *Je sers!* dit le prêtre, car j'appartiens à tous ! *Je sers !* dit le magistrat, car les intérêts des autres occupent seuls ma vie et mes veilles ! *Je sers !* dit le soldat, car je donne à mon pays mon sang et ma vie ! *Je sers !* dit la sœur de charité, car j'épuise, au chevet des malheureux, ma santé et ma jeunesse ! *Je sers !* dit le laboureur, car mes fatigues et mes sueurs enrichissent ma patrie ! *Je sers !* dit le roi, car les cheveux blanchissent vite quand ils sont pressés par le poids de la couronne ! *Je sers !* dit l'écrivain, car je me consume pour éclairer ! Oui, dans l'ordre providentiel, tous doivent servir, et le dévouement seul empêche la puissance de devenir égoïste et la faiblesse de devenir envieuse ! Se dévouer ! c'est là ce qui gagne la terre et le ciel, et Jésus-Christ, notre Maître, notre Ami, notre Modèle, pourquoi est-il venu parmi les hommes, si ce n'est pour servir ?...

Le curé s'interrompit en souriant :

— Voilà tout un sermon, reprit-il, qui nous éloigne de la pauvre Aldegonde. Elle serait bien surprise si elle m'entendait, âme bénie qui croit qu'en faisant au-delà, bien au-delà du devoir, elle n'a fait que le strict nécessaire !

— Mais qu'a-t-elle donc fait ? demanda le jeune ami un peu incrédule à l'endroit des vertus d'une servante, et qui trouvait Alde-gonde presque comique avec ses casaquins et ses coiffes qui semblaient dater du règne des archiducs. Elle me parait une brave fille, une bonne travailleuse, et puis c'est tout.

— Elle est... elle est, répondit le curé, une servante du temps passé, identifiée à la famille et lui rendant en services ce qu'elle en avait reçu en protection. Mais tenez, faisons-la causer. Allons au jardin, elle égrène ses groseilles, car elle tient à faire ses con-fitures, comme elle les faisait au temps de ma mère : c'est un rit consacré pour elle.

Ils descendirent au jardin et virent Alde-gonde assise sous un sorbier et occupée, en effet, à trier et à égréner les groseilles rouges et blanches, et les framboises dont l'odeur se mêlait au loin à celles des roses ; comme de coutume, elle récitait son chapelet en mentionnant à demi-voix le mystère sur lequel elle méditait, se tut à l'approche de M. le curé et se leva à moitié, en tenant son tablier relevé par les coins.

— Restez, Aldegonde, lui dit-il; vous devez être contente, voilà de beaux fruits. Ce sont des grappes dignes de la Terre promise.

— Ah ! monsieur, c'est une bénédiction, et la gelée sera belle, claire ! vous verrez !

— Je parie, Aldegonde, que voilà bien la quarantième année que vous faites des confitures au mois de juillet.

— Faites excuse, Monsieur le curé, j'ai dépassé le jubilé de cinquantaine... Voyez (et elle marqua sur ses doigts), j'avais quinze ans quand votre chère mère est venue me chercher à mon village, et j'en ai aujourd'hui soixante-six. Il y a donc cinquante-et-un ans que je suis avec vous.

— Et vous n'avez pas envie de changer?

— Seigneur mon Dieu ! comment aurais-je eu cette idée-là? Mes maîtres, c'était tout comme mes parents, et je leur portais révérence comme à feu mon père et ma mère, que j'ai perdus toute petiote.

— Les domestiques ne pensent plus ainsi, elles courent de maison en maison, dit le jeune homme.

— C'est possible, monsieur, cela dépend des idées, mais moi j'avais une si bonne dame !

— Ma mère était une bien belle âme, en effet, dit le curé avec une émotion douce.

— Ah ! Monsieur le curé, faut l'avoir vue comme moi, toute jeune, jolie comme pas une, recherchée, regardée de tout le monde, et si appliquée à son devoir, si entendue en toutes choses ! J'étais une pauvre paysanne, bien gauche, quand elle vint me chercher à mon village, je ne savais que filer le lin et bêcher la terre, eh bien ! comme elle a été patiente avec moi ! De quelle douceur elle usait pour m'apprendre mon service ! C'étaient toujours de bonnes paroles : — Faites ceci, Aldegonde, et monsieur sera content, ou bien :

— Les petits en seront tout réjouis... ou :

— Il y aura plus d'économie de cette manière-là... Elle m'apprenait tout par raison et douceur, et puis, l'exemple, l'exemple ! Elle travaillait toujours, sans perdre une minute; bien qu'elle fût la femme du notaire le plus occupé de Cambrai, l'aiguille, le rouet, la cuisine, le repassage, elle était habile à tout, quoiqu'elle sût aussi, comme les belles dames du monde, broder au tambour et jouer du clavecin. Mais elle mettait la main au plus gros travail, par amour pour Dieu et pour sa famille, et moi, vous comprenez, cela m'encourageait.

— Vous avez bien travaillé en votre vie, Aldegonde, vous pourriez en conscience, prendre un peu vos aises.

— Pas possible, Monsieur le curé, tant que le bon Dieu nous laisse sur la terre, il faut travailler, l'éternité sera bien assez longue pour se reposer. Voyez votre chère mère, s'est-elle reposée ? elle avait huit enfants.

— Et une seule servante, interrompit le curé avec bienveillance.

— Ça, c'est vrai, n'étais-je pas là pour faire tout ce qui se présentait? Aujourd'hui, dans une seule maison, on voit trois ou quatre servantes, l'une pour les petits enfants, l'autre pour la cuisine, l'autre pour la couture, et la bonne n'aide pas plus la cuisinière que celle-ci ne soulage la femme de chambre. Chacun pour soi, dit-on. Quand on aime ses maîtres, est-ce donc ainsi qu'on agit? On les soulage, on les aide en toute circonstance.

— L'amour ne se plaint jamais de son fardeau, dit encore le curé avec l'*Imitation*.

— Bien sûr, repr. t Aldegonde en s'animant, ce n'était pas un fardeau que de vous avoir tous les huit, vous étiez si gentils! Pardon, Monsieur le curé, mais je crois encore vous voir tous!

— Même Paulin? il était bien tapageur cependant!

— Cher enfant! il n'y avait pas de meilleur cœur! Ne s'est-il pas jeté un jour à l'eau pour repêcher un de ses petits camarades? Aussi, le voilà capitaine, et en belle passe de devenir général!

— Et Eugénie, n'était-elle pas un peu boudeuse?

— Possible, mais si raisonnable, si posée!

et comme ses bouderies d'enfant ont disparu à la première communion ! le brouillard ne tient pas devant le soleil !

— Pourtant, bonne Aldegonde, nous avons bien exercé votre patience, moi le premier. Vous aviez toujours deux ou trois berceaux dans votre chambre.

— Fallait-il pas laisser la peine à madame donc ! Elle en prenait assez quand vous étiez malades, et qu'elle ne vous quittait ni jour ni nuit.

— Si ma mémoire est bonne, c'est vous cependant qui avez soigné notre petit frère Ferdinand ?

— Je crois bien ! il avait la petite vérole, et l'on ne voulait pas que votre chère mère le voie, rapport à Suzette qu'elle nourrissait en ce moment. Je l'ai veillé, je l'ai soigné, et par malheur, je l'ai couché dans son petit cercueil...

Elle se tut, et une larme roula sous sa paupière desséchée au souvenir de l'enfant de ses maîtres. Elle n'avait connu de la maternité que les croix et les sacrifices. Le curé leva les yeux sur son jeune ami; celui-ci semblait surpris et touché à la découverte de ces vertus qui se révélaient si naïvement.

— Allons! continua le curé, vous avez eu de bons moments aussi avec nous, Aldegonde. Vous souvenez-vous d'un jour où vous nous conduisiez à l'école, ma sœur Eugénie et moi, et où vous vous êtes rappelé que nous n'avions pas dit notre prière?

— Jésus! c'était une grande faute, car enfin, j'étais chargée de vous faire prier Dieu tous les matins, mais vous avez bien réparé mon oubli, vous avez dit votre *Pater* dans la rue à genoux devant une image de Notre-Dame de Grâces qui se trouvait au coin de la rue des Chanoines... Je n'oublierai jamais cela... Et la première communion! et les beaux dimanches quand nous vous menions tous, bien rangés comme un petit bataillon, à la messe et aux vêpres! étais-je contente, et la pauvre madame aussi! Un bon dimanche fait oublier six jours de fatigue, et dire que pendant la Révolution, on nous fabriquait des semaines de dix jours, et un décadi au bout! Ah! mon jeune monsieur, vous n'avez pas vu cela, vous, et les saints du calendrier remplacés par des choux et des carottes, jusqu'à ma pauvre sainte Aldegonde qui était remplacée par *Laitue pommée!* oui, oui, c'est comme cela.

— Oui, dit le curé, toutes les sottises à côté de tous les crimes. Notre famille a payé sa dette, ainsi que tant d'autres, et la tête la plus chère est tombée.

Le maître et la domestique échangèrent un regard de sympathie et de tristesse; Henri, qui se souvint que le curé avait vu périr son père sur l'échafaud, voulut détourner ces funestes souvenirs et, s'adressant à Aldegonde sur un ton d'amicale plaisanterie, il lui dit:

— Et jamais le désir de quitter votre bonne maîtresse, de vous établir à votre tour, ne vous a passé par la tête, mademoiselle Aldegonde?

— Ce serait peut-être beaucoup dire que jamais! Et puisque vous me demandez ma confession, je vas vous dire le fond du fond.

Nous faisions notre pain nous-mêmes, c'était l'usage en ce temps-là ; je pétrissais, madame faisait des galettes et des gâteaux, et je portais nos pains, bien rangés dans des corbeilles, au four du boulanger, notre voisin. Or, ce boulanger avait un premier garçon, nommé Michel, qui était fils d'un meûnier ; le moulin était situé à Ferrière-la-Petite. Michel se montrait bien honnête, bien exact, et il me portait toujours mes pains au four avec le plus grand soin, et il m'adressait un mot de politesse en passant : rien de plus, rien de moins. Un jour cependant, il me tira un peu à l'écart, il me dit qu'il allait quitter Cambrai, parce que le meûnier son père, voulait qu'il revînt au moulin et qu'il reprît les affaires et qu'il désirait de plus que son fils prît femme. En un mot, Michel, tout embarrassé, me dit, à moi toute honteuse, qu'il m'aimait bien et qu'il désirait m'épouser. Je ne dis ni oui, ni non, et je m'en allai sans voir personne dans la rue. La bonne figure de Michel, l'idée de retourner à la campagne, de retrouver les beaux champs de colza et de blé, d'entendre l'eau courir sous les roues du moulin, de tenir mon ménage comme madame m'avait appris à tenir le sien, me passaient par la tête et je me disais:

— Ce serait bien beau pour une pauvre servante!

Sur ces entrefaites, je fus à la maison; madame mettait le couvert, car je m'étais un peu attardée, elle ne m'adressa pas un reproche, mais sa vue, sa bonté et sa douceur me percèrent l'âme :

— Il faudrait la quitter! me dis-je. Le moulin ne me semblait déjà plus si joli. Au dîner, en desservant, j'entendis mon maître qui disait d'un ton mécontent :

— Le poisson a langui sur le feu; il faut le faire remarquer à Aldegonde.

— Pauvre fille ! dit madame de sa voix douce, elle est peut-être souffrante. Va, mon ami, ne lui disons rien.

— Michel pourrait bien ne pas être si bon que madame, je me dis à mon tour.

Le soir, au jardin, pendant que j'amusais

les petits, François, qui est aujourd'hui M. le curé, était sur les genoux de madame et il pleurait, le cher enfant, car il était un brin malade. A ma vue, il se mit à crier :

— A bras, Gonde, à bras! en tendant ses mains vers moi; je le pris et il fut tout de suite consolé.

— Va te promener! dis-je au moulin, je ne quitterai pas mes enfants!

Le lendemain, je racontai tout à madame; elle me serra la main et me dit :

— Je ne voudrais pas vous empêcher de vous établir, Aldegonde; mais, si votre cœur vous dit de rester avec nous, nous vous en serons obligés, car nous vous considérons comme faisant partie de la famille.

Ces mots valaient pour moi un mariage : je ne pensai plus à ce brave Michel, et je restai avec ceux que j'aimais et que je connaissais depuis si longtemps. Voilà, mon jeune monsieur, la seule envie que j'ai eue de quitter madame.

Elle se remit à ses groseilles en regardant le soleil qui se couchait dans toute sa splendeur, allumant des incendies dans les vitres des chaumières, et donnant d'une teinte safranée les masses opaques de la forêt de C....y.

— Que c'est beau! s'écria-t-elle: on dirait que la porte du ciel vient de s'ouvrir, et qu'on va voir le bon Dieu, la sainte Vierge et tous ceux qui nous attendent là-bas...

Le curé et son jeune ami se promenèrent ensemble, en silence, autour des parterres bordés de thym, où des abeilles attardées faisaient une dernière récolte; enfin, Henri prit la parole et dit :

— C'est plus qu'une brave fille, je l'avoue, monsieur le curé; ce dévouement qui s'ignore n'est pas ordinaire.

— Et vous ne savez pas tout, répondit le curé; que de traits à citer encore! Vous savez dans quelles malheureuses circonstances j'ai vu périr mon père? Joseph Le Bon l'avait fait incarcérer, lui et des centaines d'autres victimes, parce qu'il était honnête homme et dévoué à la monarchie. Ma pauvre mère était gardée, elle, dans la maison des suspects ; et Aldegonde se voyait seule à la maison avec nous, enfants prêts à devenir orphelins. Elle pourvoyait à tout, elle nous consolait, nous rassurait ; sa tendresse vraiment maternelle se révélait dans mille soins, mille prévoyances, et, quoique si occupée de cette famille nombreuse, elle ne perdait pas un instant de vue nos chers parents. Tous les jours, elle allait voir notre mère, elle lui portait un bon repas, et c'était de son propre argent, prix de ses labeurs, qu'elle achetait le droit d'entrer dans cette maison des suspects, vraie maison d'angoisse et de désolation. Pour notre père, que n'a-t-elle pas fait ? Tout, jusqu'à aller solliciter Le Bon. Il la renvoya brutalement, en lui reprochant d'aimer trop des aristocrates, et lui montra l'arrêt de mort de mon père, sur lequel il venait d'apposer sa signature. Aldegonde revint et pleura toute la soirée, sans nous dire le sujet de sa peine, mais elle nous fit prier plus longtemps que de coutume. Le lendemain, elle attendait, la première, à la porte de la prison, et quand mon père parut, elle trouva moyen de se glisser entre les gendarmes, de s'approcher de lui, de serrer ses mains liées, et de lui demander *ses derniers ordres*. Il la reconnut, et il eut une suprême joie.

— Mon plus tendre adieu à ma femme, dit-il ; toutes mes bénédictions à mes enfants et à vous, Aldegonde !

On repoussa violemment la pauvre fille ; elle vit mon père debout sur la charrette, elle l'entendit crier : *Vive le Roi !* et elle revint nous apporter ce dernier testament, si précieux pour nous. Trois jours après, le 9 thermidor rendit la liberté à notre mère : elle revint dans sa maison, désormais solitaire ; elle n'y trouvait pour consolation que ses enfants orphelins et son humble amie, cœur fidèle qui s'attachait davantage là où le malheur venait frapper.

Elle aida à nous élever, cette Aldegonde ignorante, qui n'a jamais su que le *Pater* et l'*Ave*. Sa foi vive stimulait la nôtre. Notre mère était sortie bien malade de la prison, et la mort tragique de notre père aggrava ses maux ; elle garda longtemps le lit, et c'était

14.

Aldegonde qui, toutes les semaines, dans la nuit du samedi au dimanche, nous conduisait à la messe. Comme au temps des persécutions, le divin sacrifice s'offrait dans des lieux écartés, tantôt dans une maison de jardinier au fond d'un faubourg, tantôt dans la cave d'un marchand, au milieu de la ville, tantôt dans une ferme isolée. Les fidèles s'avertissaient les uns les autres; on cherchait les chemins déserts, on se cachait au pas d'une patrouille, et l'on arrivait enfin, heureux et tremblants, aux pieds de l'indigent autel où Dieu nous attendait. Ma sœur aînée, Cécile, qui est aujourd'hui religieuse Ursuline, mon frère Philippe, qui a succédé à l'étude de notre père, et moi, nous étions seuls admis à partager ces périls et ces joies, et je crois vraiment que notre âme s'est trempée d'une foi plus vive et plus mâle dans ces scènes étranges et sublimes où nous apprenions à mettre les devoirs religieux au-dessus de tout. Une amie dit un jour à Aldegonde :

— Pourquoi conduisez-vous ces enfants en secret à la messe?

— Par respect pour leur âme et pour la mienne, répondit-elle.

Je me souviens qu'une nuit de Noël, la messe se disait à une métairie sur la route de Noyon ; il faisait très-froid, et la lune éclairait un rigide paysage couvert de neige ; il fallait passer un ruisseau sur un pont formé de planches : Aldegonde glissa, tomba, et se démit l'épaule ; elle ne se plaignit pas, continua sa route, entendit la messe, y communia et n'avoua son mal qu'à son retour à la maison [1]. N'ai-je pas raison de dire que cette pauvre fille nous a élevés par ses exemples, si ce n'est par ses leçons, et qu'il y avait dans les vertus de l'humble servante une sève héroïque que les livres grecs et latins ne nous révélaient pas?...

Un autre motif m'a étroitement attaché à elle. J'avais, depuis l'âge de raison, le désir, et, j'ose le penser, la vocation du sacerdoce, et au milieu des orages de la Révolution, je nourrissais l'espoir de monter un jour à l'au-

1 Historique

tel dans nos sanctuaires relevés. La nouvelle du Concordat vibra par toute la France; les églises furent rouvertes, les pasteurs reparurent parmi leurs troupeaux, et près des cathédrales presque en ruines, on ouvrit de nouvelles écoles pour la milice sainte. J'avais dix-huit ans alors, et après avoir bien prié, je révélai mon cœur à ma mère. Elle pleura en m'écoutant; je ne savais si c'était de joie ou de tristesse.

— Mon cher fils, me répondit-elle en serrant mes mains, c'est une grande grâce que le Seigneur nous fait, et si quelque chose pouvait me consoler de la mort de mon très-cher mari, ce serait de te voir à l'autel, offrir le saint Sacrifice pour lui... Mais le moyen? Nous sommes pauvres aujourd'hui... et l'Église pauvre elle-même, ne peut donner l'instruction gratuite... et tu le sais, mon enfant, nos ressources sont si étroites que c'est à peine si nous pouvons vivre et faire vivre les petits enfants... comment faire?...

Aldegonde, qui filait près de la vaste cheminée, se leva et vint doucement vers nous.

Elle était fort rouge et semblait embarrassée, elle prit enfin la parole, mais en balbutiant :

— Le bon Dieu ne doit pas perdre un bon serviteur tel que le sera monsieur François pour un peu de misérable argent... Vous savez, madame, que j'ai des économies, vous avez toujours été si bonne pour moi... Eh bien ! il faut les prendre et les employer à payer la pension du séminaire. Comme ça, monsieur François sera prêtre, il dira la messe pour monsieur et pour nous, les petits enfants ne manqueront de rien, et tout le monde sera heureux.

Nous voulûmes résister, refuser ; mais le moyen de rejeter cette âme généreuse ? Un double motif de foi et d'affection la faisait agir et la rendait irrésistible. Ma mère céda, j'acceptai, et, grâce à notre fidèle servante, je fis les études ecclésiastiques et je devins prêtre. Plût à Dieu que je fusse un saint, afin de mieux payer ma dette au Seigneur et à cette pauvre fille ! A la mort de notre chère mère, Aldegonde vint auprès de moi et ne me quittera jamais. Je la respecte plus que je ne l'oserais le lui dire, et tous les jours, j'admire en cette âme simple l'action croissante de la grâce.

— On ne voit plus de ces caractères-là, répondit le jeune homme d'un ton pensif.

— C'est, je le répète, une figure du temps passé, du temps où chacun chérissait sa condition et n'enviait pas celle d'autrui.— Il se fait tard, Aldegonde a allumé la lampe, et le souper nous attend, rentrons.

QUATRE SERVANTES

Fénelon écrivait, à propos de la fête de la Toussaint :

« Je vois des saints de tous les âges, de
« tous les tempéraments, de toutes les con-
« ditions : il n'y a donc ni âge, ni tempé-
« rament, ni condition qui soient exclus de
« la sainteté..... »

C'est là une des vérités fondamentales du christianisme : la sainte égalité des âmes devant Celui qui est tout à la fois leur créateur, leur rédempteur, leur sanctificateur et leur juge. Tous sont appelés, et les voies les plus diverses conduisent également à la Jérusalem du ciel. Mais on ne peut nier que certaines conditions ne rendent le salut plus difficile : la richesse et le pouvoir sont un obstacle, la pauvreté en est un autre, et pourtant, Louis IX et Benoît Labre sont placés tous deux dans les glorieuses cohortes des confesseurs. Certaines professions qui éveillent ou la paresse ou la dissipation, ou la sensualité ou l'envie, rendent plus abruptes les routes du Paradis. Saint Alphonse de Liguori, à la fin de sa vie, apprenant que l'on voyait à Naples des *cochers* vivant d'une vie pénitente et régulière, s'écriait, dans une joie mêlée de beaucoup de surprise : « De saints cochers ! de saints cochers à Naples ! » Et il remerciait Dieu qui choisit ses élus partout, même dans les situations qui semblent moins compatibles avec l'esprit de piété, de modestie et de mortification, nécessaire au salut.

Jadis, chez nos ancêtres, l'état de domestique était très-propice à la sainteté : l'humilité, l'obéissance, le dévouement, vertus propres à la domesticité, formaient comme autant de degrés par lesquels le pieux laquais, la modeste servante allaient doucement et sûrement au ciel. Ils ne demandaient rien de mieux, ces braves gens ; il ne leur venait pas dans la pensée d'envier leurs maîtres et leurs maîtresses ; le valet ne désirait pas monter dans la voiture de son seigneur, la femme-de-chambre ne jalousait pas les robes de soie de la grande dame. Ils acceptaient l'inégalité des conditions devant les hommes, en se réjouissant, avec une douce fierté, de l'égalité devant Dieu, *qui ne fait acception de personne*, et portant bénignement leur croix sur la terre, ils comptaient bien, dans une autre vie, se réunir à ceux dont les croix, pour être d'or, n'en étaient pas moins pesantes. Devant Dieu et devant la souffrance, les hommes sont égaux, et les pauvres, éclairés par le christianisme, le savaient bien.

D'autres temps sont venus. Ils ont enlevé au peuple Dieu et le catéchisme ; ils lui ont donné, il est vrai, en échange, une égalité très-bien formulée dans la loi, mais très-chimérique au point de vue social ; le peuple est demeuré indigent et obligé au travail, mais il ne s'appuie plus sur l'ancre divine de l'espérance et, mécontent de son sort, il ne s'ennoblit plus par ses vertus. Où trouvons-nous aujourd'hui ces qualités, ou pour mieux dire, ces hautes vertus jadis familières aux pauvres domestiques : — là probité sans tache, la pureté de mœurs, la fidélité dévouée, l'humble acceptation du devoir, l'obéissance souriante et l'attachement respectueux ? La clameur universelle répond : *Il n'y a plus de bons domestiques!* Rien n'est plus vrai; mais cette classe démoralisée, abaissée, corrompue par les séductions d'en haut et les exemples des égaux, n'est-elle pas une des plus misérables parmi celles qui composent notre échafaudage social ? La servante est un être sans feu ni lieu, ayant renoncé à sa famille naturelle, sans avoir trouvé de famille adoptive, allant de maison en maison, souvent objet de séduction et pierre de scandale; nul ne s'intéresse à elle; jeune fille, elle court aux plus abominables dangers sans qu'une main l'arrête; plus âgée, nul ne songe à son avenir; çà et là, dans les grandes villes,

de bons prêtres ont formé des œuvres pour
les domestiques, mais elles ne s'adressent
qu'à un petit nombre, à celles qui ont à la
fois du loisir et de la bonne volonté ; la majorité erre à l'abandon, brebis sans pasteur,
et toutes, pourtant, sont placées dans un état
qui a donné beaucoup de saintes au ciel ;
toutes pourraient se sauver, *à peu de frais*,
en profitant des devoirs et des peines de leur
situation. Ce livre parviendra peut-être entre
les mains de quelques-unes de ces pauvres
filles, et, dans cette pensée, nous leur offri-
rons la vie de quatre servantes, qui, placées
dans les chœurs des martyres et des vierges,
y représentent, l'une, la Force. la seconde,
l'Humilité, la troisième, l'Obéissance, la quatrième, la Charité, sœur de la Foi. Ne di-
ront-elles pas avec saint Augustin : « Ce que
celles-ci ont fait, pourquoi ne le ferais-je
pas ? »

I.

SAINTE AGATHOCLIE, ESCLAVE

Martyre.

> Tu verras quelle force de patience m'a
> donnée ce Jésus-Christ que tu ne con-
> nais pas, que tu ne veux pas connaître.
> (*Actes de sainte Potamienne, esclave et
> martyre.*)

Le cardinal Wiseman nous a appris quel
était le sort réservé aux esclaves dans l'an-
tiquité. L'esclave était *une chose* appartenant
au maître qui l'avait achetée, et lui appartenant plus absolument que le cheval ou le
bœuf, chez les chrétiens, car bœuf et cheval
ont des lois qui les protégent. On pouvait
mettre l'esclave à la meule; on pouvait le
faire travailler, les fers aux pieds; on pouvait

le battre, le fouetter; on pouvait le laisser
périr, à demi, de faim et de soif; on pouvait
l'abandonner dans sa vieillesse; on pouvait
le faire mourir en croix. Tous les caprices,
toutes les colères pouvaient se satisfaire sur
ce malheureux être; on pouvait le rendre
heureux aussi, ce qui arrivait parfois, car la
nature humaine n'est jamais entièrement en-
durcie, et certains esclaves, par des talents
supérieurs, par une fidélité à toute épreuve,
conquirent l'amitié de leurs maîtres. C'est ce
qu'atteste l'histoire; mais, à côté de ces ex-
ceptions, que lugubre est le sort de la majorité, majorité qu'on devine dans l'ombre,
tourbe infortunée qui arrosait de ses sueurs
la campagne romaine ou qui, dans la demeure du maître, subissait le joug de ses
volontés capricieuses!

Agathoclie était du nombre de ces esclaves,
attachées, comme la *Miriam* de *Fabiola*, à une
femme païenne. Sa maîtresse se nommait
Pauline. Il est probable, d'après son nom,
que la sainte était d'origine grecque, et elle
professait la religion chrétienne, que peut-

être ses ancêtres avaient reçue des lèvres de saint Paul; rarement, la bonne semence était tombée dans un cœur plus fidèle et plus fort.

Les Actes des Martyrs sont toujours très-sobres de détails superflus. Ceux d'Agathoclie insistent peu sur sa situation dans cette maison païenne, mais ce que l'on sait des habitudes romaines peut faire comprendre ce que devait souffrir l'esclave, quand l'esclave était femme, quand elle était pure et dévouée à sa foi. Superstitions de l'idolâtrie, pratiques abominables, paroles impies, duretés accablantes, châtiments barbares, périls qui menaçaient tantôt l'âme et tantôt le corps, tout était supplice pour une créature pieuse et chaste dans ces maisons où le démon habitait, en quelque sorte, sous une forme sensible. Agathoclie était tombée au pouvoir d'une femme cruelle entre toutes; quelques-uns ont cru même que Pauline était renégate, premier crime qui pouvait expliquer les autres : la fidélité de l'esclave devait être odieuse à la lâcheté de la maîtresse, et sans doute, elle se vengeait sur elle des remords qui la poursuivaient. Quoi qu'il en soit, pendant huit ans, Agathoclie subit une persécution et un martyre que rien n'interrompit, mais qui ne purent lasser son courage. *Tous les jours*, sa maîtresse lui ordonnait de renoncer à la foi de Jésus-Christ: elle refusait; alors, Pauline la frappait à coups de cailloux sur la tête, la fouettait cruellement, et l'envoyait, épuisée de souffrances, à ses travaux dont elle savait encore redoubler la rigueur. L'hiver, quand les chemins étaient couverts de neige et de glace, elle exigeait que l'esclave allât chercher, nu-pieds, du bois à la forêt. Agathoclie souffrait, obéissait et priait. Dieu lui prêtait une indomptable énergie pour endurer et résister, et ce martyre qui dura huit années, huit siècles! ne fut pas au-dessus de son intrépidité. Quel spectacle pour les anges, que celui de cette pauvre fille, si abaissée aux yeux des hommes, si abandonnée et si misérable, et qui, dans des tortures sans trève, montrait une constance auprès de laquelle pâlit la fermeté de Régulus! Le Seigneur était avec elle; son nom divin qu'elle confessait chaque jour était l'aliment de son âme, le baume de ses plaies, la joie de ses douleurs.

Pauline comprit enfin qu'elle n'obtiendrait rien, et l'enfer alluma dans son âme une telle colère qu'elle livra Agathoclie au juge, c'est-à-dire à la mort. Interrogée, mise à la torture, battue de verges, l'esclave persista : — *Je suis chrétienne!* fut la seule parole que l'on entendit sortir de ses lèvres : elle était presque mourante, épuisée de sang et de force. Le bourreau lui coupa la langue, cette langue qui n'avait parlé que pour confesser le Dieu unique; elle survécut à ce tourment; on la jeta dans un cachot, sans lui donner ni secours ni aliment; plusieurs croient qu'elle mourut d'inanition; le Martyrologe romain assure qu'elle accomplit son sacrifice sur le bûcher.

Ceci se passait au temps de Dioclétien, et l'on place le martyre de cette sainte au 17 septembre.

II.

SAINTE ZITE, SERVANTE

Vierge (1272).

La ville de Lucques, en Italie, révère comme sa patronne cette pauvre servante, et dans l'église de Saint-Frigidien, au fond d'une châsse précieuse, repose, entouré de respects, le corps de l'humble fille, qui passa inconnue ici-bas.

Zite était née à la campagne, aux environs de Lucques, d'une famille très-pauvre, mais pleine de piété, et l'enfant fut si bien élevée dans sa petite condition, qu'il suffisait de lui dire : *Ceci déplaît à Dieu*, pour qu'elle s'abstînt des fautes communes à son âge, et : *Ceci est agréable au Seigneur*, pour qu'elle s'efforçât de pratiquer des bonnes œuvres et

des vertus. Elle parlait très-peu, et avait un
extérieur doux et modeste.

A l'âge de douze ans, elle fut placée, par
sa mère, au service d'un habitant de Lucques,
nommé Fatruelli, et pendant quarante-huit
ans, c'est-à-dire pendant sa vie entière, elle
vécut au service des mêmes maîtres et dans
les mêmes occupations. Aucun évènement
dans cette laborieuse existence : les jours
ressemblaient aux jours, les années aux années; seulement chaque jour et chaque année apportaient quelque nouveau progrès à
la vertu de Zité. Elle était entrée dans cette
maison enfant, pleine de bonne volonté; elle
en sortit pour l'éternel repos, entourée de
l'auréole d'une sainte vieillesse et d'une vie
pleine devant le Seigneur.

Dieu occupait toutes les pensées de Zité;
elle lui offrait les prémices de la journée, en
se levant de très-grand matin pour assister à
la messe et pour se livrer à la prière, mais
jamais ses pratiques de piété ne nuisirent aux
devoirs de son état. Elle était, au suprême
degré, humble et obéissante : son maître et

sa maîtresse lui représentaient Dieu; leurs désirs étaient des ordres pour elle; elle les prévenait en toutes choses et leur témoignait un dévouement d'enfant. Elle fut parfois traitée durement et grondée avec injustice, mais sa douceur ne se démentait pas, et elle continuait à obéir et à travailler dans la seule vue de plaire à Dieu. Sa vertu, éclatante à force d'humilité, triompha des préventions, ses maîtres apprécièrent enfin le trésor que le ciel leur avait donné; les autres domestiques devinrent aussi plus équitables, et leur jalousie se changea en admiration. Cette épreuve délicate trouva en Zite un cœur fidèle : plus on lui témoignait d'amitié et de respect, plus elle s'anéantissait, et elle ne profitait de l'affection dont elle était entourée que pour rendre service aux derniers de la maison et pour soulager les pauvres qui lui inspiraient une vive compassion. Quelquefois, lorsqu'elle voyait son maître irrité contre ses jeunes enfants, contre d'autres domestiques, elle se jetait tout en larmes à ses pieds et le désarmait par ses prières. Elle était l'avocate des indigents, et les aumônes de sa maîtresse passaient toutes par ses mains. Elle-même se privait de tout, elle jeûnait toute l'année, et prenait son court repos sur une planche ou sur la terre nue. Elle travaillait sans cesse, mais elle priait sans cesse aussi, d'après le conseil de l'Apôtre, car ses élévations vers Dieu étaient continuelles, et dès qu'elle avait un moment de liberté, elle en profitait pour se livrer à l'oraison. Ses communions étaient fréquentes et elle y apportait toujours un renouvellement entier et une angélique ferveur. Dieu récompensa par différents miracles l'humilité de cette sainte fille, et il lui accorda la plus grande des grâces: la persévérance et une mort digne de sa vie. Zite mourut à l'âge de soixante ans; trois siècles après sa mort, son corps fut trouvé sans corruption, et le pape Innocent XII publia, en 1696, le décret de sa béatification et approuva le culte que la ville de Lucques lui rendait depuis un temps immémorial.

On célèbre la fête de sainte Zite le 27 avril.

III.

LA BONNE ARMELLE

(1671).

Armelle Nicolas était une petite paysanne bretonne, qui passa ses premières années dans les champs, occupée à garder les bestiaux tout en disant son chapelet et en priant le bon Dieu. C'était une enfant douce et grave, pleine de respect envers ses parents à qui elle ne désobéit jamais en rien, et quoiqu'elle fût ignorante au point de ne pas savoir lire, elle était très-avancée dans les voies de la piété. Les souffrances de Notre-Seigneur lui étaient constamment présentes, et elle n'aspirait qu'à la sainte communion. A l'âge de vingt-deux ans, elle quitta les champs où elle avait vécu avec une si parfaite innocence, et elle vint se placer à Ploërmel, chez une dame qui avait une maison considérable.

Armelle embrassa de bon cœur le travail et l'obéissance et s'efforça de profiter de toutes les occasions qui s'offraient d'avancer dans la vertu. Sa maîtresse, pour l'éprouver, ne l'épargna en aucune façon; elle lui imposa un labeur pénible, des humiliations fréquentes, des contradictions continuelles. Armelle but le calice avec joie, et elle répliquait aux personnes qui l'engageaient à quitter une maison où la vie devait lui être si rude : « Comment pourrais-je fuir des croix que Dieu m'envoie? » Et loin de fuir ces peines, elle les cherchait et ne témoignait à sa maîtresse qu'un redoublement de zèle et de soumission. Celle-ci disait plus tard : « Si Armelle est sainte, j'y ai bien contribué ». Elle reconnut elle-même les vertus de cette humble fille, et la traita le reste de sa vie avec une amitié qui ne se démentit pas, et à laquelle Armelle répondit de tout son cœur, disant souvent qu'elle donnerait le sang de ses veines pour sa maîtresse.

Nous ne parlerons point des faveurs spirituelles que la bonne Armelle reçut de Dieu : le divin Maître se plaît avec les âmes petites et mortifiées. Armelle fut une de ses épouses les plus chères, et ce que l'on raconte de merveilleux, dans l'histoire des saints, de leurs communications avec le Seigneur, se retrouve aussi dans l'histoire d'Armelle. Il lui avait donné un immense amour pour le prochain : elle le montrait à ses maîtres, en les servant, en les soignant dans leurs maladies avec un dévouement héroïque ; elle le montrait à tout ce qui souffrait autour d'elle : ses faibles gages passaient en aumônes et, avec la permission de sa maîtresse, elle allait visiter et soigner les pauvres malades du voisinage. Ceux qui disaient du mal d'elle ou qui tournaient en ridicule son air humble et soumis, ceux-là étaient ses amis particuliers, qui avaient une part spéciale dans ses prières. Plus elle avançait en âge, plus sa docilité et son esprit de dépendance augmentaient :

elle ne faisait rien, même l'action la plus indifférente, sans autorisation, et elle ne se fût
pas permis, sans permission, les actes les
plus éclatants de vertu.

Sa vie était extrêmement austère : elle
accablait son corps de pénitences après l'avoir
accablé de travail, et elle supporta, avec une
admirable patience, les fréquentes maladies
que Dieu lui envoya. Enfin, comblée de mé-
rites, elle mourut chez ses chers maîtres,
âgée de soixante-cinq ans. La ville de Ploërmel rendit de grands honneurs à sa dépouille
mortelle, et on lui éleva un tombeau qui
portait cette épitaphe :

« Ci gît le corps d'Armelle Nicolas, de
« naissance champêtre, et servante de con-
« dition, appelée communément la *bonne*
« *Armelle*. Elle mourut en terre pour vivre
« dans le ciel, le 24 octobre 1671, âgée de
« soixante-cinq ans. Priez Dieu pour son
« âme, et marchez sur ses pas en aimant
« Dieu comme elle [1]. »

---

1. *Histoire des Saints de Bretagne*, par dom Lobineau.

IV.

CATHERINE WART, SERVANTE.

On peut compter parmi les plus cruels persécuteurs du catholicisme, la reine Élisabeth d'Angleterre, cette femme parjure et cruelle, qui poursuivit avec une haine si profonde la foi qu'elle avait désertée. Dans sa jeunesse, alors que régnait Marie Tudor, sa sœur, elle avait répété avec serment, *qu'elle priait Dieu que la terre s'ouvrît et l'ensevelît, si elle n'était pas une vraie catholique romaine* [1], et le jour de son sacre, elle communia de la main d'un évêque catholique et jura solennellement le maintien de la foi

1. Lingard : *Histoire d'Angleterre.*

catholique; mais à peine en possession du pouvoir, elle se tourna contre cette sainte religion qu'elle avait juré, sur les Évangiles, de protéger et de maintenir; elle poursuivit l'œuvre de destruction commencée par son père, Henri VIII, et devenue *papesse* de l'Église anglicane, elle persécuta les fidèles avec une barbarie qui égale la fille des Tudor aux Domitien, aux Dioclétien, aux Maximien, persécuteurs et bourreaux de l'Église naissante.

En ces temps glorieux et malheureux à la fois, on voyait confisquer ses biens pour avoir assisté à la messe; on était traîné en prison, mis à la torture, on subissait la faim, la soif, on mourait à la potence ou sur l'échafaud, pour avoir caché chez soi un prêtre, ou simplement, pour avoir connu sa retraite sans en révéler le secret à la police et aux magistrats. Une dame noble fut écrasée sous des blocs de pierre (ce qui s'appelait *la peine forte et dure*), parce qu'elle avait donné un prêtre catholique pour précepteur à ses fils. Quant aux supplices endurés par les prêtres eux-mêmes, ils atteignaient les limites du raffinement le plus atroce; le cachot étroit, bas, dans lequel on ne pouvait ni se coucher, ni se tenir debout, et qu'on appelait *la petite aise*, était le seul lieu de repos qui leur fût octroyé après le chevalet; ils revenaient là, les membres brisés, les ongles arrachés, le corps *allongé de deux pieds*, par l'extension violente, comme l'écrivait l'un d'eux; ils sortaient de là pour aller à Tyburn subir le supplice des traîtres, où on les traînait sur la claie; arrivés au lieu du tourment, on les pendait à la potence, et avant que la mort fût venue, le bourreau les détachait, plongeait un coutelas dans la poitrine et dans le ventre du condamné, arrachait son cœur, arrachait ses entrailles, et les jetait au feu pendant que ce cœur palpitait encore. Voilà ce qui se passait sous la reine Élisabeth; voilà l'horrible mort que des centaines de prêtres

1. Lingard. Voir aussi le beau livre des *Persécutions d'Angleterre*, de M. l'abbé Destombes, supérieur du Collége Saint-Jean, de Douai.

ont endurée pour l'amour de Jésus-Christ et par zèle pour le salut des âmes.

Aujourd'hui, l'étincelle de la foi, cachée comme autrefois le feu sacré, au temps de Néhémias, se rallume en Angleterre : qui peut s'en étonner? Tant de martyrs prient au ciel pour leur chère patrie !

Sous le coup de cette persécution affreuse, les cœurs généreux se montrèrent, comme en un jour de bataille on connaît les hommes vaillants. Toutes les conditions de la société anglaise sont représentées dans cette cohorte de confesseurs et de martyrs, depuis le comte Arundel et Henri Percy, comte de Northumberland, jusqu'à la pauvre servante dont nous rappelons la courageuse mémoire.

Elle se nommait Catherine Wart; elle était catholique ardente et fidèle. Les supplices infligés aux prêtres blessaient son cœur, et elle cherchait l'occasion de les assister dans leur prison, en bravant les édits et les échafauds d'Élisabeth. Elle trouva moyen de passer à un de ces prêtres, détenu à la Tour de Londres, une corde au moyen de laquelle il parvint à s'évader. Soupçonnée, poursuivie, arrêtée, Catherine confessa devant les juges sa noble action, en disant :

— La reine, si elle a des entrailles de femme, en aurait fait autant que moi.

Les juges furent sans pitié pour cette fille généreuse. Elle fut suspendue à une poutre par les poignets, supplice que les premiers martyrs estimaient un des plus cruels de tous, puis fouettée à trois reprises avec la dernière barbarie. Elle opposa aux tourments une profonde et presque joyeuse résignation.

— J'aime ce mal, dit-elle, puisque je le souffre pour mon Dieu, pour qui je donnerais volontiers mille corps et mille vies !

Elle fut condamnée à être pendue aux fourches patibulaires de Tyburn, où tant d'autres martyrs avaient enduré la mort. Son noble souvenir a subsisté parmi les catholiques anglais; à mesure que l'ombre d'Élisabeth subit la justice que réserve aux tyrans hypocrites *l'incorruptible avenir*, à mesure que l'on connaît mieux ses parjures, ses perfidies, ses violences et ses impuretés, la mémoire des martyrs s'élève et grandit; une pure lumière entoure leur front, et l'on admire, en les connaissant davantage, ceux qui ont triomphé dans la mort. La pauvre servante Catherine Wart, qui mourut pour la charité et pour la foi, occupe sa place dans l'équitable histoire, comme elle la tient dans les cohortes des martyrs, auprès d'Agatho- clie, de Potamienne, de Blandine, esclaves sur la terre, reines dans le ciel.

TABLE.

	Pages.
LES LEÇONS DE LA VIE.	1
I. La Loge de la portière	3
II. La Maison du spéculateur	15
III. Heur et malheur	25
IV. Nouveaux Visages	36
V. Une Rencontre	45
VI. Un Évènement	51
JULIETTE SÉVERIN	65
I. Le Mois de Marie	67
II. Une Discussion.	77
III. A Paris.	83
IV. Arabelle	95
V. Le Billet	108
VI. Deux Apparitions.	120
VII. L'Étoile de la mer	126
UN LONG COMBAT.	137
MARCELLE.	180
LE TEMPS PASSÉ	221
QUATRE SERVANTES.	251
Sainte Agathoclie, esclave, martyre	258
Sainte Zite, servante, vierge	263
La bonne Armelle.	267
Catherine Wart, servante.	127

Abbeville. — Typ. et stér. Gustave Retaux.

BIBLIOTHÈQUE SAINT-GERMAIN

LECTURES MORALES ET LITTÉRAIRES

Ouvrages adoptés pour les bibliothèques paroissiales et dans les Maisons d'éducation.

VOLUME A 3 FR.

Étampes (Gabrielle d')..... Le lion de Coëtavel.

VOLUMES IN-12 A 2 FR. 50 C.

Mac-Cabe .... Adélaïde, ou la Couronne de Fer.
De Locmaria .... La Chapelle Bertrand.
Boulangé (L'abbé)......... Stéphano.
Berlioz d'Auriac.......... La Guerre noire.
F. de Silva .... Histoire d'un Billet de banque.
Kavanach (Julia) .... Madeleine. Récit d'Auvergne.
Bourdon (Madame) .... Agathe, ou la première communion.
E. Houet .... La Fleur des Gaules. Épisode du
     II° siècle après J.-C. 2 vol.
G. Bordot .... Napoléon en Champagne. (Épi-
     sodes de 1814.)

VOLUMES IN-12 A 2 FR.

Bourdon (Madame) .... Les Trois sœurs. (Scènes de famille.)
  —   Denise. (Idem.)
  —   La ferme aux Ifs. (Idem.)
  —   Andrée d'Effauges.
  —   Types féminins.
  —   L'Adoption.
  —   Famille Reydel.
  —   Catherine Hervey.
  —   Marie Tudor et Élisabeth d'An-
     gleterre.
  —   Histoire de Marie Stuart.
  —   Marcia. Premiers temps du christia-
     nisme.
  —   Souvenirs d'une famille du peuple.
  —   Nouvelles historiques.
  —   Heures de solitude.
  —   Abnégation.
  —   Pulchérie.

Bourdon (Madame)	Une faute d'orthographe.
—	Les Servantes de Dieu.
—	Orpheline.
—	Fabienne et son père.
—	Antoinette Lemire. (Études populaires.)
—	Marthe Blondel. (Idem.)
—	Veillées du patronage. (Idem.)
—	L'Héritage de Françoise. (Idem.)
—	Euphrasie. Histoire d'une pauvre femme. (Idem.)
—	Le Pain quotidien. (Idem.)
Wiseman (Le Cardinal)	La Lampe du Sanctuaire.
—	La Perle cachée.
De Damas (R. P.)	Voyage au Sinaï.
—	Voyage en Judée.
—	Voyage en Galilée.
—	Voyage à Jérusalem. 2 vol.
Marcel (Étienne)	Iermola. Histoire polonaise.
—	Comment viennent les rides.
R. P. Price	Les Secrets de la mort.
Mirabeau (Comtesse de)	Veillées normandes.
Marie-Angélique (Madame)	La Branche de Rumex.
—	Les soirées du Père Laurent.
—	La Marguerite de San Miniato.
—	Une Maison de correction.
De Locmaria	Les Guerrillas. 2 vol.
—	Histoire du règne de Louis XIV. 2 vol.
De Plancy	La Reine Berthe.
Don Alonzo	Une Institutrice à Constantinople.
J. Chantrel (Traduit par)	Les Trois Éléonore.
—	Lizzie Maitland.
Mason	Catherine Geary.
O'Gorman (Traduit par)	Le Prophète du monastère.
—	Le Foyer assiégé.
B. de Bourbourg	Le Kalife de Bagdad.
Alphonse de Milly	Conversations et Récits.
—	Journal d'un solitaire.
Parson (M.)	Edith Mortimer. Épreuves de la vie.
Rochère (Comtesse de la)	L'Orphelin d'Evenos.
—	Séraphine.
Mac-Cabe	Florine, princesse de Bourgogne.
—	Berthe, ou le Pape et l'Empereur.
Ethampes (Gabrielle d')	Bretons et Vendéens, autrefois et aujourd'hui.
Nettement (F.)	Un Pair d'Angleterre.
Stolz (Madame de)	Simples nouvelles.

568. — ABBEVILLE. — TYP. ET STÉR. GUSTAVE RETAUX.

www.ingramcontent.com/pod-product-compliance
Lightning Source LLC
LaVergne TN
LVHW020151030726
842520LV00003B/677